「判断」をうながす文学の授業

気持ちを直接問わない授業展開

長崎伸仁・坂元裕人・大島光 編著

三省堂

まえがき

　今回、本書を刊行するにあたり、東京と鹿児島で何回かの学習会を行った。その意図は、従来の人物の心情を直接問う授業と直接問わない授業との是非について、教師の立場からと学習者の立場から、種々検討する必要があったからである。本書の執筆陣は20代〜30代の若手教員が主体のため、当然のことながら教師用指導書を参考にしているメンバーもおれば、既にそれからは卒業して、自力で教材研究をしたり市販されている教育図書を参考にしたりしているメンバーもおればと様々であった。
　共通していたのは、理論編で述べた、「このとき〇〇の気持ちは……」と直接問うことが当たり前だと思っていたこと、そして、直接問わない場合は、表現活動に開いた学習を展開することが多い、ということであった。理論編で述べた「悪しき慣例」の最大の要素とした「文学教材の場合は、教材研究ができていなくても、気持ちを直接問うことで何とかその場をしのげる」といった本音は、学習会でも飛び出したことである。
　しかし、こういった授業であっても、子どもたちが文学作品を嫌わないのは、「あとがき」での「学習の内容ではなくて、作品そのものが好きなのです」と述べたある学生の反応がそのことを端的に言い当てていよう。逆に、同じ「読むこと」の学習である説明文教材の場合はこうはいかない。長崎が長年、大学生を対象に行ったアンケート調査一つを取り上げても、「文学が好き・文学教材の授業が好き」と答えた学生は毎年7割〜8割に及んだが、「説明文が好き・説明文の授業が好き」と答えたのは2割〜3割程度であったことからも窺える。かといって、「文学の学習そのものが楽しくて心に残っていたのではなく、教材そのものがもつ魅力が『好き』」ということに私たちは胡坐をかいていていいはずはない。

　ここ10年前後教員の需要が増え、20代、30代前半の若手教員が教育現場の主体となっている学校が多くなっている。私が青年教師であった時代は、民間教育団体の全盛の時期でもあり、学ぼうと思えばいつでもどこでも学ぶことができた環境にあった。勤務校においてもベテラン教師などから教材研究のイロハを教わったものである。しかし今は、私の教諭時代とは比較にならないほどの仕事量と、ベテラン教師とのコミュニケーション不足等のため、教材を見る目を養いにくい環境にあると聞く。であっても、「悪しき慣例」に流されないために、「発問のあり方」や具体的な「教材研究の手順」を示すことで、今後の教育活動の一助になればと思っている。

　私が人物の心情を「直接問わなくなった」原点は、「かさこじぞう」の授業からだと言ってよい。私が小学校の教員となった7年目に、念願の低学年（2年）の担任となった。ターニングポイントになったのは次の発問である。

「じいさまはどうして、『とんぼりとんぼり』なのですか……？」

学級の子どもたちは、ばあさまの心情も汲み取りながら、実に30分前後も文章中の根拠に基づきながら、ああでもない、こうでもない、と活発に議論し始めたのである。私のそれまでの文学の授業とはまるで違う子どもたちの姿が目の前にあった。私は思わず、「君たちは素晴らしい。日本一の子どもたちだ！」と叫ばざるをえなかったことを昨日のことのように覚えている。

それまでなら、「このとき、じいさまは、どんな気持ちだったでしょう」と訊ねていたが、あまりにも文学教材の発問のつまらなさにウンザリしていた私は、何かのキッカケがほしかった。もっと言えば、できれば、発問から「気持ち」という言葉を消してしまいたい、という思いになっていたのである。

それ以後、私の文学教室の発問からは、「気持ち」という言葉が完全に消えた。消えた「効果」が子どもたちに如実に表れ始めた。「気持ち」という言葉を使わない方が、子どもたちは人物の心情を広くそして深く読めるようになった。「気持ちは……」からの発問は、「正答」を求めていたことに気づくことにもなった。そう考える「根拠」と「理由づけ」を求める発問こそ、「人物の心情を『直接問わない』発問」だと確信を持てるようになったのである。

平成19年の学校教育法の一部改正により定義づけられたいわゆる「学力の3要素」は、その後若干テコ入れされたものの、「思考力・判断力・表現力」等の育成は、重要な要素の1つとされたままである。本書のタイトルとした『「判断」をうながす文学の授業　気持ちを直接問わない授業展開』は、学習者に「判断」をうながすことにより、「思考力・判断力・表現力」がともに育つという意図が込められている。そして、「判断」を起点にすることにより、人物の心情を直接問わなくてもよい文学の授業展開が構想できるのである。

本書に収められている実践は、東京国語教育探究の会と九州国語教育探究の会の若手メンバーによるものである。本書を手にされた先生方に「いい刺激」を与えられることを切に願うものである。ご指導、ご批評をお願いしたい。

最後に、原稿の整理から校正まで出版にご尽力いただいた、三省堂の八尋慈人氏には、心から感謝申し上げたい。

国語教育探究の会代表・創価大学大学院教授　　長崎　伸仁

目次

まえがき —— 2

第Ⅰ部 理論編　　7

人物の心情を直接問わない文学の授業 …………………………………… 8

第Ⅱ部 実践編1｜小学校編　　29

1年
- お手がみ　　　　　　　　「比較」「選択」で思考を深化させる ……………… 30
- おおきなかぶ　　　　　　「登場人物に着目」し判断をうながす ……………… 36
- 実践のポイント　　　　　「比較」「選択」「判断」をうながす ………………… 42

2年
- きつねのおきゃくさま　　「比較」を生かした刺激的な発問で読解する …… 44
- かさこじぞう　　　　　　「明暗スケール」で場面の変化を解釈する ………… 50
- 実践のポイント　　　　　「刺激的な発問」「明暗スケール」で解釈させる …… 56

3年
- わすれられないおくりもの
  　　　　　　　　　　　　「悲しみレベル」で「判断」をうながす ……………… 58
- おにたのぼうし　　　　　問いが生まれる発問で読みを深める ……………… 64
- 実践のポイント　　　　　「選択肢」を通して読みを深めさせる ……………… 70

4年
- 白いぼうし　　　　　　　スケーリングの活用で視点人物の心情に迫る …… 72
- ごんぎつね　　　　　　　中心人物と対人物の関係を判断させ心情に迫る …… 78
- 実践のポイント　　　　　「スケーリング」「判断」で心情に迫らせる ………… 84

5年
- 雪わたり　　　　　　　　「歌の分類」で物語の核心（主題）に迫る!! ……… 86
- 大造じいさんとガン　　　「比較」と「選択」で読解する ……………………… 92

	実践のポイント	「歌の分類」「比較」「選択」で物語の核心に迫らせる ……… 98
6年	海の命	「大きな発問」と「スケール」を用いた判断で読みを深める ……… 100
	きつねの窓	「比較」を用いた読みの指導で思考の深化をうながす ……… 106
	実践のポイント	「判断」「比較」で思考の深化をうながす ……… 112

第Ⅲ部　実践編2｜中学校編　　115

1年	少年の日の思い出	「どの程度か…」「一番の理由は…」で判断をうながす ……… 116
	実践のポイント	「読みの重層化」と「選択式の発問」で心情に迫らせる ……… 122
2年	走れメロス	スケーリングで「信実」に迫る ……… 124
	実践のポイント	「統計的手法」により「読み」の可能性を拓く ……… 130
3年	故郷	スケールで「判断」させ深い解釈へと導く ……… 132
	実践のポイント	「スケール」により深い解釈をうながす ……… 138

あとがき──140
実践編で取り上げた教材──142
著者紹介──143

装丁　三省堂デザイン室

第 I 部

理論編

人物の心情を直接問わない文学の授業
―「判断」をうながす「しかけ」のバリエーション―

長崎 伸仁・坂元 裕人・大島 光

1. 人物の心情を「直接問う」ことの悪しき慣例

　　国語教育の歴史の中で、昔から悪しき慣例として引き継がれている1つは、文学教材での人物の心情を直接問う発問といえるだろう。「○○は、このときどんな気持ちだったのだろうか……？」と問う発問で育った子どもたちが、教師になってもなお同じような発問に終始している現実が国語教室の中に厳然と存在している。
　　時代は動いている。社会も当然動いている。もちろん、親も子もいつも同じではない。とすれば、教師ほど、時代の変化に柔軟に対応しなければならないものはいないのではないだろうか。
　　場面ごとに人物の心情を「直接問う」学習では、その場面だけの心情の読み取りに陥りやすいため、心情の変化、つまり、関係性を把握させることにはならない。直接「この時の気持ちは……」と問われると、学習者である子どもたちは、心情を考える「根拠」を自分の中に求めることになる。文章中の「表現」や「文脈」に根拠を求めるのではなく、「自分自身」が持っている既有の知識や経験を根拠にするため、想像ばかりか空想に発展していくことさえある。「物語には答えがないのだから、自分の考えたことや思ったことを自由に発表していいのだよ」と、発言に窮した子どもたちを鼓舞する教師の言葉が、教室に空しく響きわたる現実は昔も今もそれほど変わってはいない。このようなことの繰り返しでは、子どもたちの学習意欲は高まるはずがない。
　　平成元年版学習指導要領以後、当時の教科調査官だった小森茂は、「気持ちの悪いほど気持ちを問う文学の授業」をキャッチフレーズに、詳細な読解指導の在り方の見直しを迫った。しかし、なかなかこの悪しき慣例は崩れることはなかった。
　　それではなぜ、人物の心情を「直接問う」悪しき慣例は改善されないのか。その1つは、比喩的に表現すれば、「親の背中を見て育ったから」と言えよう。つまり、学齢時代に「気持ち、気持ち」と問われて自然に身に着いてしまった慣例からは、教師になってからも親（教師）の後ろ姿を追いかけているということになる。
　　そして、「直接問う」以外にその術を知らないからであろう。「直接問う」以外の学習活動として工夫されているのが、「表現に開く」学習活動である。ポスターセッション的な活動や紙芝居、詩画集づくり、そして音読大会や作文などといった表現活動が「直接問う」以外の活動として定着しているのが現実である。どちらかといえば、三読法でいうところの第二次の改善ではなく、従来の第三次での表現活動の工夫が主だったものになっているのである。
　　さらに、これが最大の悪しき慣例の要素といえるかもしれないが、人物が登場する文学教材の場合は、教材研究をしていなくても、「この時の気持ちは……？」と問うだけでその場

を凌げるからであろう。そうでないと、「気持ちは……、気持ちは……？」と、「気持ちの悪いほど気持ちを問えない」はずである。

　これら3つの要素に加えて、標準的な指導法が記されている教科書会社が発行している教師用指導書の影響も無視することはできない。中央教育研究所が、2008年10月〜2009年1月にかけて、全国の小学校、中学校、高等学校の教員を対象に実施したアンケート調査には、教師用指導書の利用実態も報告されている[1]。

　これによれば、利用状況は、小学校＞中学校＞高等学校の順であるが、その数値は、小学校の教員がずば抜けて高い。「よく見る」とする数値は、中学校と高等学校の教員の場合は、20％台であるが、小学校の教員の場合は、50％台と跳ね上がる。小学校では、「ときどき見る」を含めると、何と約90％もの教員が教師用指導書を利用しているという。

　上記の報告を見る限り、小学校の実態は報告されてはいないが、中学校と高等学校の教科別の利用状況をみると、国語は、社会、数学、理科などに比べて群を抜いて高い。「よく使う」は、中学校で28.8％、高等学校で56.1％、「ときどき使う」を含めると、中学校では83.3％、高等学校では80.5％となっている。つまり、10人のうち8人の教員が、国語の教師用指導書を利用していることになる。

　中学校や高等学校の教科別利用状況から推測すれば、小学校の教員が国語の教師用指導書を利用している実態（全教科では約90％）は、「ときどき使う」を含めると100％に限りなく近い数値であろうと考えることができる。

　年齢別にみると、小学校の場合は、20代、30代の教員の活用率が高いことが報告されている（中・高の報告は記載されていない）。

　こういった実態からみて、教師用指導書の責任の重大さを改めて感じるとともに、教師用指導書の在り方（内容の充実等）の再検討が迫られているように思う。

　ここでは、人物の心情を「直接問う」ことの悪しき慣例から抜け出せない実態を中心に述べたが、「直接問う」て人物の心情に迫ることと、「直接問わない」で人物の心情に迫ることとではどのような違いがあるのかを次に述べる。

2. 人物の心情を「直接問う」ことと「直接問わない」こととの違い

　どちらにしても、人物の心情を考えることには「変わりがない」ことではある。しかし、その内実（読解力、関係把握力、表現力等の国語学力や学習意欲に直結する授業構成力等）には大きな違いがある。

　従来、物語や小説などの文学教材を扱う場合、通常は、教師用指導書の配当時間を参考にして単元の配当時間を決めるという実態がある。そうなれば、そこに記されている配当時間に縛られることになる。「ゆとり」がキーワードだった時代は、教科書も薄く、1単元で「こんなにも時間をかけるのか」と頭を悩ませた教員たちも少なからずいたようだ。その結果どうなるかといえば、教材を縦（場面分け）に細かく区切ることになる。場面を細かく区切れば、そこで展開されるのは、「詳細な読解指導」ということになる。

　「ゆとり」時代が遠のき、「学力」重視の時代といわれる現在は、教科書も厚くなり、指導する内容も豊富になった。習得から活用へ、「思考力・判断力・表現力」等の育成、という言葉は飛び交うが、それらの育成に柔軟に対応する指導ができているのかといえば、ベテラ

ン教師といえども、どうしても従来の指導法から脱却できないため、今度は、「この短い時間で、どのように指導すればいいのか」と、頭を悩ませることになる。そうなれば、若手の教員たちの頼りは、自分で教材研究するよりも教師用指導書にすがることしかない、という構図が見え隠れする。

　ここで、教師用指導書の実態を取り上げる。以下は、現行の「一つの花」の教師用指導書（光村図書）[2]の全8時間配当の第二次・2時間目の扱いの部分（教科書本文が約6ページに及ぶ第2場面）である。

主な発問・指示とその意図　　＊ゴシックは心情発問

◎前の時間は、第一場面を中心に読み取りましたね。今日は、第二場面を読んで、登場人物の関係を中心に読み取りましょう。
◎まず、71ページの終わりまで音読しましょう。その後一人一人でノートに整理してください。
◎**ゆみ子の覚えた「一つだけ」という言葉をお父さんとお母さんは、どのような思いで聞いているでしょうか。そこから、ゆみ子へのどんな思いが想像できますか。**
◎72ページの初めから75ページの最後までを音読しましょう。同じように、ノートに書いていきましょう。
◎**お父さんがゆみ子に渡した一輪のコスモスの花には、お父さんのどのような思いが込められているのでしょうか。**
※お父さんが言った「一つだけ」という言葉に着目する。
◎**一輪のコスモスを受け取ったゆみ子の思いはどうでしょうか。ゆみ子の言う「一つだけ」と、お父さんの言った「一つだけ」は、同じでしょうか。**
◎グループで話し合い、考えを深めましょう。
◎グループで話し合ったことを、発表してください。

〈以下、省略。ゴシックは引用者による〉

　第2場面を前半と後半とに分け、前半の主発問は、「ゆみ子の覚えた『一つだけ』という言葉をお父さんとお母さんは、どのような思いで聞いているでしょうか。そこから、ゆみ子へのどんな思いが想像できますか」である。そして、後半の主発問は、「一輪のコスモスを受け取ったゆみ子の思いはどうでしょうか。ゆみ子の言う『一つだけ』と、お父さんの言った『一つだけ』は、同じでしょうか」である。

　前半と後半の主発問の違いは歴然としている。前半の発問は、父親と母親の心情を直接問うているのに対して、後半では、「AかBか」と問うている。つまり、心情を直接問うてはいない。しかし、ゆみ子が言う「一つだけ」の心情と、父親が言う「一つだけ」の心情の違いを読み取らせたいという指導者の意図が見えてくる。こういった学習者に「判断」をうながす学習活動が芽生え始めたことは、前向きに評価したい。

　このように、場面ごとで心情を読ませることであったとしても、「気持ちは……？」と訊く必然性は全くない。「ごんぎつね」（小学4年）で、「この時のごんの気持ちは……？」と問うのと、「この場面でのごんの表情を絵で表してください。ごんの目の表情だけでいいです

よ」と問うのとでは、どのような違いが生じるだろうか。「暗い目」「悲しい目」「寂しげな目」「得意げな目」等々、子どもたちは、なぜ、自分がこの目の表情にしたのかを「判断」した理由を、文章中の「表現」や「文脈」から滔々と述べてくれるはずである。

　ごんの目の表情だけで、ごんの心の動きが見てとれる。最後の場面では、「先生、兵十の目を描いてもいいですか」とは、実際に子どもから発した珠玉の「問い」である。

　心情を「直接問う」ことと「直接問わない」こととでは、内実（読解力、関係把握力、表現力等の国語学力や学習意欲に直結する授業構成力等）に大きな違いがあると述べた。その内実の具体に迫るため、この後、「発問の型」を示し、発問の在り方について述べた後、「ちいちゃんのかげおくり」（光村図書・小学３年）を例に、「人物の心情を直接問わない」教材研究の手順を示してみたい。その後、実際に行われている小学６年教材の「海のいのち（命）」（東京書籍・光村図書）の実践での一般的な学習指導の傾向（「人物の心情を直接問う授業」）と「人物の心情を直接問わない授業」、そして、参考までに現行の教師用指導書をも取り上げ、比較検討した後に、「人物の心情を直接問わない『手だて』」として「学習者に『判断』をうながす『しかけ』のバリエーション」を提示してみたい。

3. 人物の心情を「直接問わない」発問の在り方

　発問には大別して、「小さな発問」と「大きな発問」とがある。「小さな発問」とはいわば、「確認する発問」のことであるが、文学教材の場合、場面を小さく区切ることにより一問一答式に繰り返されることが多い。

- 「この場面には、誰が出てきましたか……？」
- 「いつのことですか……？」
- 「誰が、何と言いましたか……？」

といった発問のことであるが、人物の心情を直接問う発問も、この「小さな発問」に属するといっていいだろう。

- 「このとき、○○はどんな気持ちだったのでしょう……？」

と問うことが、どうして「小さな発問」になるのだろうか。それは、先にも述べたが、物語や小説といった文学教材の場合で「人物の心情」に焦点化したとき、学習者に読み取ってもらいたいのは、場面、場面での「人物の心情」ではなく、その人物の「心情の変化」であるからである。「確認」のための発問であっても、場面ごとに繰り返される「このときの気持ちは……？」と「気持ちの悪いほど気持ちを問われる」学習者の立場に立ってみる必要があるだろう。「もう勘弁してくださいよ」と言いたくもなる。それが仮に、登場する全ての人物で「このときの気持ちは……？」と問われればもううんざりである。

　「文学教材をいくら丁寧にやっても、国語学力はつかない！」と昔、先輩教師からよく指導されたことを思い出す。今思えば、その先輩教師は、「君みたいに登場人物の気持ちばかりを直接問うている文学教材の指導をいくらやっても、子どもたちの学力はつかないだろう」と言いたかったのだろう。そして、「文学教材で学力をつけさせるには、叙述を手がかり（根拠）にして、人物の『心情の変化』を読ませないとダメだ！」とも。今思えば、国語学力をつけさせるために必要なのは、言葉と言葉、叙述と叙述との関係性を読ませることの重要性を説いてくれていたのだ、と気づくのだが——。

この「小さな発問」に対して、「大きな発問」を心がけると、場面は小さくは区切れなくなる。極端にいえば、仮に、全文を１時間で扱おうとした場合、いくらなんでも一問一答式の発問はできないだろう。逆に言えば、この挑戦的な姿勢こそが、「大きな発問」を生み出すといっていいだろう。

a）「今日の学習場面からは、どんな色が見えますか……？　どんな音が聞こえてきますか……？」
b）「第〇場面と第〇場面では同じ会話文が出てきますが、同じように読んで（音読して）もいいですか……？」
c）「兵十は、ごんを撃ってしまったことを、誰かに話したのだろうか……？」（ごんぎつね）
d）「男の子（波の子）は、浜辺に来た誰の前にも現れるのだろうか……？」（海をかっとばせ）

　a）〜d）は、いずれも「大きな発問」ではあるが、a）b）とc）d）とではいささか趣が違うことがわかるだろう。a）〜d）はいずれも場面を大きくとらえていることには変わりはないが、a）とb）は、「大きな発問」の中でもどちらかと言えば「広げる発問」といえよう。色や音といった五感に訴える発問の場合は、子どもたちは、文章中の表現や文脈を根拠にして想像の翼を広げなければならない。それに対して、c）とd）は、「えっ……」と息をのむような「刺激的」とも思える「深める発問」といえる。「ごんぎつね」の場合は、「ごんを撃ってしまったことなんて、誰かに言えるわけがないよな……」と兵十の立場を慮（おもんぱか）って考える子もおれば、冒頭部分にちゃんと「『これは、わたしが小さいときに、村の茂平というおじいさんから聞いたお話です』って書いてあるからなあ」としっかりとした根拠を基にして考える子もいよう。また、「海をかっとばせ」の場合は、「野球をやっている人」「努力をしている人」ということを突破口にして子どもたちは必死に考えるだろう。

　「大きな発問」に包含されるこれらの発問には、人物の心情を直接問うものは見当たらない。直接問わないからこそ、文章中の「根拠」を手がかりにしながら「関係性を読む」ことになるといっていいだろう。「兵十は、ごんを撃ってしまったことを、誰かに話したのだろうか……？」という発問は、「深める発問」の中でも刺激的な「判断をうながす発問」である。「判断をうながす発問」は、「話したはず……？」「話していない……？　話せるはずがない！」といった子どもたちの「判断をうながす思考」へと連動していくのである。

　以上のことを簡単に類型化すると以下の通りである。

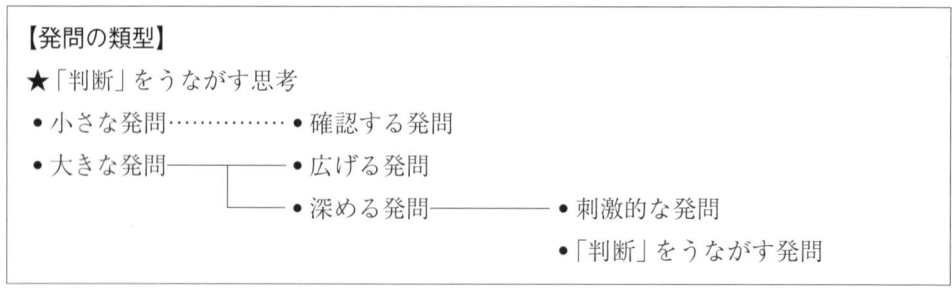

【発問の類型】
★「判断」をうながす思考
- 小さな発問……………・確認する発問
- 大きな発問───┬─ 広げる発問
　　　　　　　　└─ 深める発問────・刺激的な発問
　　　　　　　　　　　　　　　　　　・「判断」をうながす発問

　以上の構図を念頭に置き、「人物の心情を直接問わない」教材研究の手順を、「ちいちゃんのかげおくり」を通して、具体的に述べてみることにする。

4.「人物の心情を直接問わない」教材研究の手順
──「ちいちゃんのかげおくり」(光村図書・小学3年)を通して──

　教材研究の観点は、今や教育現場に定着している視点論を援用し、登場人物を視点人物(中心人物)と対象人物(周辺人物)に分けて行う。視点人物は、心情の根拠が文章中に散りばめられているが、対象人物は、言動の叙述が主であるため、心情を読むには根拠に乏しい。「ちいちゃんのかげおくり」の場合、以下に示す通り、視点人物は「ちいちゃん」、その他の人物は対象人物となる。なお、教材研究の手順は、教材研究者の心の中の「つぶやき」を基に綴ってみることにする。

> ○視点人物(中心人物)‥‥‥‥ちいちゃん
> ○対象人物(周辺人物)‥‥‥‥お父さん・お母さん・お兄ちゃん
> 　　　　　　　　‥‥‥‥知らないおじさん・はす向かいのうちのおばさん・空襲の中で逃げ惑うたくさんの人たち・暗い橋の下のたくさんの人たち・いるであろう壊れかかった防空壕の中の人たち・現代の場面に登場する子どもたち

　「ちいちゃんのかげおくり」には、本文に4つの1行空きがあるため、全文を便宜的に5場面に分けて授業を構成した。
- 第1場面は、ちいちゃんのお父さんが出征する前日、家族4人で先祖の墓参りに行った帰りに、「かげおくり」をする場面から始まる。きっかけとなったのは、「かげおくりのよくできそうな空だなあ」というお父さんの言葉である。家族で「かげおくり」をすることになった決定打は、お母さんの「ね。今、みんなでやってみましょうよ」のひと言である。
  - "お父さんとお母さんとが、物語をドラマチックにしているんだなあ"
    その後、家族4人でする最初で最後の感動的な「かげおくり」の様子が描かれている。
  - "この出征の前日の家族が一体感になっている「かげおくり」の場面は、何とか読み声の交流(音読)で生かしてみたいものだ"
  - "防空壕の中の第4場面での「かげおくり」と、この第1場面での「かげおくり」とでは、子どもたちの読み声はどのように変わるのだろうか。これは、学習活動に生かせそうだぞ!"
  - "白い4つのかげぼうしが、すうっと空に上がったときの、家族4人の感動的な言葉を何とか生かしたいが、これも読み声の交流(音読)で表現させようかな……"

　次の日にお父さんが出征していくが、お母さんの「体の弱いお父さんまで、いくさに行かなければならないなんて」というひと言が何とも重い。その後、ちいちゃんとお兄ちゃんは、かげおくりをするようになるが、戦が激しくなり、「広い空は、楽しい所ではなく、とてもこわい所にかわ」ったというまでが第1場面である。

- "お母さんが、「体の弱いお父さんまで、……」と「ぽつん」と言ったときの「お母さんの気持ち」を訊ねてみたいが、ダメダメ。訊くのなら、「そのお母さんの言葉を聞いたちいちゃんは、どんな気持ちだったのでしょうか」だけど、「心情を直接問わない」もっといい発問がきっとあるはずだ"

こういった試行錯誤の末、第1場面での主発問は、以下の2つとした。

> ★第1場面での主発問
> ①【広げる発問】1の場面での「かげおくり」の様子を読み声で表してみましょう。「どのように読めばいいのか」を考えながら練習してください。その後、読んでもらいますが、聴いている人は、「自分にはどのように聞こえてきたのか」を、自分で考えていた読み声と比べながら聴いていてください。⇒その後、役割音読につなげる。
> ②【深める発問】この場面でのちいちゃんの心の中を色で表してみましょう。ハートマークに色エンピツで色を塗ってください。(赤と青を基調に、後は個人の自由)

- 第2場面は、空襲でちいちゃんとお母さんとお兄ちゃんが逃げ惑う場面である。結局、ちいちゃんは、お母さんともお兄ちゃんともはぐれて、ひとりぼっちになってしまう。この空襲の場面の臨場感をどのように体感させればよいのかが大きな課題である。

  - "お母さんの必死さやちいちゃんの必死さ、そして逃げ惑っている人たちの必死さをとらえさせるには、やはり、読み声の交流しかないかな。特に、ちいちゃんの「お母ちゃん、お母ちゃん」と叫ぶ声と、その後の「お母ちゃん」と叫ぶ声の違いを読み声で交流させたいものだ"

  - "普通なら、ひとりぼっちになったちいちゃんの気持ちを「このとき、ちいちゃんはどんな気持ちだったのだろうか……？」と訊くだろうが……。そうだ！ 第1場面でのちいちゃんの心の中と比べさせてみよう！"

  - "一番大事な空襲の臨場感を出すにはどうすればいいだろうか……？ 読み声の交流でも何とかカバーできるが……。そうか、この場面からは「色」や「音」が想像できそうだ。実際には見えていないが、聞こえていないが、叙述から見えてくること、聞こえてくることがあるはずだ！ 確か、こんな実践が過去にあった記憶がある"

  こうした自問自答から、次のような主要発問を見いだすことができた。

> ★第2場面での主発問
> ①【広げる発問】今から先生が2の場面を読んでみますから、みんなはこの場面から「どんな色が見えてくるのか」「どんな音が聞こえてくるのか」を想像してみてください。
> ②【広げる発問】それじゃあ、2の場面も読み声で表してみましょう。「どのように読めばいいのか」「どのように聞こえてきたのか」を交流してみましょう。練習してください。⇒役割音読につなげる。
> ③【深める発問】この場面でのちいちゃんの心の中を、色で表してみましょう。1の場面のハートマークの色と比べながら今日の場面のちいちゃんの心の色を塗ってください。

- 第3場面は、空襲の翌日、橋の下から外に出たちいちゃんが、はす向かいのうちのおばさんと出会う場面である。本教材を場面ごとの扱いにした場合、最も取り扱いに困る場面である。

- "「町の様子は、すっかりかわっています」という叙述は、間違いなくちいちゃんの視点のため、「ちいちゃんは、何を見たのか」という発問は使えそうだな"
- "ちいちゃんの心情は、「なくのをやっとこらえて」、２つの「深くうなずきました」、「きっと帰ってくるよ」という会話文くらいしか見当たらないな。しかし、それらの表現と、ちいちゃんの３つの会話文とは密接に繋がっていることを考えると、この場面では、思い切って、ちいちゃんとおばさんと地の文とに分けて、役割音読で「読み声の交流」をさせてみるか。これまで、第１場面と第２場面とで役割音読を経験しているので、大丈夫だろう"
- "問題は、ちいちゃんの心情に迫るための手だてだが、お母さんとお兄ちゃんとはぐれてしまった翌日であること、はす向かいのおばさんと出会ったことにより、ちいちゃんには微かな希望が見い出せたかもしれないな。この場面でも、もう一度、ハートマークにちいちゃんの心の色を塗らせてみようか"

ひとりぼっちであることには違いはないが、「深くうなずきました」「また深くうなずきました」と「きっと帰ってくるよ」というちいちゃんの心模様を、学習者である子どもたちは、どのようにとらえるかがポイントであろう。

> ★第３場面での主発問
> ①【広げる発問】ちいちゃんは、この場面で、何を見たのですか……？
> ②【広げる発問】それじゃあ、３の場面も読み声で表してみましょう。「どのように読めばいいのか」「どのように聞こえてきたのか」を交流してみましょう。今日は初めから役割を決めてから、練習してください。
> ③【深める発問】この場面でもちいちゃんの心の中を、色で表してみましょう。１の場面や２の場面でのハートマークの色と比べながら今日の場面のちいちゃんの心の色を塗ってください。

●第４場面は、ちいちゃんが防空壕の中で、１人でかげおくりをする場面が中心に描かれているが、お父さんやお母さんの声が、「青い空からふってきました」と叙述されている。また、かげおくりをし始めると、お父さんやお母さんやお兄ちゃんの声が、ちいちゃんの声に交じって「重なって」聞こえ始める。ちいちゃんにとっては、家族４人でやった「楽しい」かげおくりの状況が再現されたのである。

- "ちいちゃんにとっては、忘れられない思い出の「かげおくり」なんだな。楽しい思い出なんだ。しかし、ちいちゃんは弱りきっている。お父さんの声やお母さんの声も、「空からふってきました」と書いている。ただ、その後のかげおくりをする場面でのお父さんやお母さん、そしてお兄ちゃんの声は、ちいちゃんの記憶に残っている声のはずだ。ここで読み声の交流をすると、子どもたちはどのように読むだろうか。そうだ！ 第１場面でのかげおくりと比べさせてみよう。子どもたちはどのように考え、判断するのかが楽しみだ！"

「一面の空の色」からは、ちいちゃんの体が、空に吸い込まれていった後の叙述になっている。家族４人が、死後の世界ではあるが、再会する場面だと想像できる。

- "かげおくりが再現される場面と、この死後の世界で家族４人が再会する場面を通して

一気に読ませてみると、子どもたちはどのような音読をしてくれるだろうか。読み声が変わるか、変わらないか。変わらなかったその時に打つ手は……"
- "それにしても、授業展開としたら、かげおくりの場面を先に扱うのか、第4場面を一気に通して扱うのか、そこが思案のしどころだな……？"

どちらにしても、この第4場面での授業構成のキーワードは「比較」であることに違いはない。授業者の腕の見せどころでもある。思案の末、以下の授業展開を構想した。

> ★第4場面での主発問
> ①【広げる発問】今から4の場面を読んでもらいます。まず、1人で練習してください。
> 　（補助発問）「一面の空の色」からも、同じように読んでもいいのでしょうか……？
> ②【深める発問】4の場面と同じ「かげおくり」をする場面がどこかにありましたね。そうです、1の場面ですね。ところで、4の場面の読み方と1の場面の読み方は、同じでもいいのでしょうか……？　⇒役割音読で、読み声の交流をする。

- 最終場面となる第5場面は、戦争が終わった後の現代の様子が4行のみで表現されている。「青い空の下、今日も、お兄ちゃんやちいちゃんぐらいの子どもたちが、きらきらわらい声を上げて、遊んでいます」（下線は引用者）は、平和な時代を醸し出している。さて、この場面をどのように扱うかである。
  - "どうして作者は、この場面を書いたのだろうか……？　第4場面の最後の「夏のはじめのある朝、こうして、小さな女の子の命が、空にきえました」で物語を終わらせても何ら問題ないのだが……？　むしろ、その方がスッキリするはずなのだが。そうか、そういうことか！"

とまあ、こういった教材研究から、胃が痛くなるような感動とともに浮かんだのが次の発問である。発問は、1つで十分である。

> ★第5場面での主発問
> ①【深める発問―刺激的な発問―】5の場面は「ない」方がスッキリするのじゃないですか……？　あった方がよいですか、なくてもよいですか……？

この発問の意図は、もちろん、多数決をとって決めるようなことではない。「あった方がよい」とする根拠や理由づけ、「ない方がよい」とする根拠や理由づけを引き出したいがための「刺激的な発問」である。「思考力⇔判断力」という構図から、子どもたちの思考と判断をうながし、表現へとつなげるのである。

以上、「ちいちゃんのかげおくり」の教材研究を通して見えてきたことは、本教材の特性を生かそうとすれば、「広げる発問」では一貫して、「音読」に開くことである。ただ、「声に出す」という行為だけではなく、「音読」が「解釈」を引っ張るといった意図を込めた「読み声の交流」（どのように読めばいいですか⇔自分には、どのように聞こえてきましたか）が有効な学習活動だということである。

同じ「読み声の交流」でも、「比較」させることにより、学習者の思考はより「判断」を求められるため、「深める発問」としての効果が増すことになる。本教材の場合での「深める発

問」は、ちいちゃんの「心の色」を塗るとした。その意図は、文章中の表現や文脈を根拠に、赤と青を基調に、子どもたちはどのような配色をしてくれるかが楽しみである。

本教材での「刺激的な発問」は、「第5場面がいるか、いらないか」とした。教材の特性から考えると、有効な「しかけ」といえるだろう。

5.「人物の心情を直接問う」授業と「人物の心情を直接問わない」授業との比較検討
―「海のいのち（命）」（東京書籍・光村図書・小学6年）の学習指導を通して―

5-1 教材の概要

本教材「海のいのち（命）」（以下、光村図書版「海の命」を使用する）に登場する人物を、「ちいちゃんのかげおくり」の教材研究で分析した「視点人物（中心人物）」や「対象人物（周辺人物）」のように分けるのではなく、ドラマの役柄的に、以下のように分けてみることにする。それは、後述するが、教材固有の特性により、一読者の読みだけでなく、教室での読み合いの授業においても、注目されるのは主役だけではなく、脇役も重要な人物である可能性があるという意図からである。

> ○主役………太一
> ○脇役………おとう・与吉じいさ・太一の母
> ＊クエを登場人物とするかどうかだが、ここでは省く。また、最終場面の「やがて太一は村のむすめとけっこんし、子どもを四人育てた。男と女と二人ずつで、……」にある太一の妻と子ども4人も省いた。

視点論でとらえれば、本教材の視点人物は、主役の「太一」である。つまり、一貫して太一の視点を通して叙述されているのである。

光村図書版「海の命」では、全文に5つの1行空きがあり、6場面構成となっている。

第1場面では、太一と海との関係から始まる。将来は「おとうといっしょに海に出る」ことを思い描いていたその「おとう」が、ある日、クエと戦い、死んでしまう。

第2場面では、太一は、中学校を卒業する年の夏に、「与吉じいさ」の弟子になり、「千びきに一ぴき」という精神を教えられる。

第3場面では、師匠の与吉じいさから、「おまえは村一番の漁師だ」というお墨付きをもらうが、その与吉じいさも父と同じように、「海に帰って（死んで）」しまった。

第4場面で初めて太一の「母」が登場する。そして、「おまえが、おとうの死んだ瀬にもぐると、いつ言いだすかと思うと、わたしはおそろしくて夜もねむれないよ。おまえの心の中が見えるようで」と言う。しかし、「太一は、そのたくましい背中に、母の悲しみさえも背負おうと」しながらも父の海にもぐり続けて、ほぼ1年が過ぎようとしていた。

第5場面は、「追い求めているうちに、不意に夢は実現するものだ」から始まる。そして、「これが自分の追い求めてきたまぼろしの魚、村一番のもぐり漁師だった父を破った瀬の主なのかもしれない」という確信めいたものを感じる。「この大魚は自分に殺されたがっているのだ」と太一は思い、「この魚をとらなければ、本当の一人前の漁師にはなれないのだ」と思うのであるが、太一は、「ふっとほほえみ」、「クエに向かってもう一度えがおを作った」後、

突然、「おとう、ここにおられたのですか。また会いに来ますから」と語りかける。そして、「こう思うことによって、太一は瀬の主を殺さないで済んだのだ。大魚はこの海の命だと思えた」で第5場面は終わる。

「やがて、太一は……」から始まる最終の第6場面は、村の娘と結婚し、子どもを4人育てること。そして、2度目の登場となる太一の母親については、「母は、おだやかで満ち足りた、美しいおばあさんになった」と叙述されている。脇役というよりも端役的な存在ともいえる太一の母であるが、どうもこの叙述が気がかりである。

物語を完結に導く最後の2文は、次のようになっている。

> 太一は村一番の漁師であり続けた。千びきに一ぴきしかとらないのだから、海の命は全く変わらない。巨大なクエを岩の穴で見かけたのにもりを打たなかったことは、もちろん太一は生涯だれにも話さなかった。

さて、この教材をどのように扱うかである。何よりもまず、クライマックスでの太一の行動に「太一の成長」を見いだすその根拠が重要である。「太一の成長」が本教材の核心であるとするならば、太一の行動に一番影響を与えた人物とは誰なのか、ということも絡んでくるはずである。そこに辿り着くまでの「読みの過程」で、何を、学習者である子どもたちに読み取らせるのかも重要となってこよう。人物の心情を直接問うか、直接問わないとすれば、本教材の場合、どのような「手だて」があるのか、以下の2つの実践と、参考までに現行の光村図書の教師用指導書（「C実践」とする）をも取り上げ、3実践の比較検討をしてみることにする。

5-2 クライマックス場面での「指導観」の比較検討

3つの実践は、以下の通りである。

> A実践　「人物の心情を直接問う」授業[3]　ホームページ（http://www.ikedanet.jp//ibikyouiku/data）より
> B実践　「人物の心情を直接問わない」授業[4]　授業者…安茂　健・建原里江
> C実践　「人物の心情を直接問う」授業[5]　『小学校国語 学習指導書 六 創造（下）』より

■A実践の指導観[6]

練り合いをするために本時の主発問を、「なぜ『大魚はこの海の命だと思えた。』の一文を入れたのだろうか。」に設定した。尊敬する父が捕らえられなかったクエを目の当たりにして、「捕らえることで一人前の漁師になれる。」という思いと、「父や与吉じいさから教わった命の大切さから殺してはいけない。」という思いが太一の頭に交錯するが、クエを「おとう」と思うことで、殺さずに済み、クエを「海の命」と考える。その根底にある考え方を追求することで、むやみに命を奪わずに「海のめぐみ」で生きていけること、「命のつながり」の中で生きていることを改めて実感する太一の心の成長を読み取らせたいと考える。

■B実践の指導観[7]

このB実践には第5・6場面を1単位時間で扱っている実践（安茂実践）と、太一は誰の影響をどれだけ受けているのか、というその後の実践（建原実践）が掲載されているため、両方の指導観を示すことにする。

○本時は、太一がいよいよ瀬の主と向き合う物語の山場である。父のかたきである瀬の主を目の前にしながらなぜうたなかったのか、児童の関心が最も集まる場面での太一の心情について読み取りたい。指導にあたっては、「太一は瀬の主から逃げたのか。」という疑問を投げかけ、各自が自分の判断を明らかにしてから、瀬の主を殺さなかった太一の心情について意見を交流していく。父や与吉じいさの影響を強く受けてきたからこそ瀬の主を殺さなかった太一の行動について考えていくことで、物語の主題に迫っていきたい。また、瀬の主をうたなかった太一の存在によって母は変わった。おだやかで満ち足りた美しいおばあさんになった母について考えさせることで、物語の山場となる場面での太一の心情についてさらに読み深めさせていく。(安茂実践)

○本時の指導にあたっては、まず、「太一の生き方に最も影響を与えた人物はだれなのだろうか。」という疑問を児童に投げかける。太一の成長には、周囲の人々（父、与吉じいさ、母）や海、クエの存在が大きく関わっている。その中でも、漁師になるという夢を抱かせた父、海で生きることの意味を教えた与吉じいさ、成長をずっと見守ってきた母の3人に注目させ、太一の生き方に影響を与えた人物について10段階の判断スケールを使って判断させる。(建原実践)

A実践と2つのB実践とで大きく異なるのは、「太一の母」の存在が視野に入っているか、いないかの問題であろう。A実践では、「太一の成長」は、父や与吉じいさの影響が強いとしているのに対して、2つのB実践では、「母」の存在も含めて、「太一の成長」があるのではないか、という仮説の基、その「判断」を学習者である子どもたちに委ねている。

■**C実践の指導観**[8]

教師用指導書の「海の命」の「学習材の分析」と「注意すべき語句・語法」から、クライマックス場面における「指導観」に相当する部分を抜粋する。

○読者にとって、クエに復讐する太一の行動が予想されていただけに、「なぜ、殺さなかったのか」という疑問が、すっきりとした形でおさまるのは、太一が葛藤の末、クエを獲物という存在から、神聖なものとしてその捉え方を変化させた結果と解釈するときであろう。与吉じいさが死んだ時点で、太一はまだ本当の意味で、海と人間との共生を理解していなかった。それゆえ、まだ父の敵であるクエに挑もうとしていたのである。「銀のあぶく」(p.210)は、そんな悟りを開いたことの象徴として捉えることが可能である。

○「おとう、ここにおられたのですか。……」
村一番のもぐり漁師であった父を破ったクエ、そして、いつかは捕らえたいと念じていたクエ。そのクエを目の前にして、いきなり「おとう」と呼びかけた太一の心情の変化は、何によるものかを、クエの悠揚迫らぬ様子と結び付けながら読み取らせるようにしたい。

こういった指導観が、単元全体の流れにどのように影響しているのかを、A、B、C実践での第二次での各時の「主発問」を取り上げ、比較検討してみたい。

5-3 A実践、B実践、C実践の「主発問」の比較検討

■**A実践の主発問**[9]

○第1場面…漁師になると決めていた太一が、父の死を経験してどんなことを考えていた

のだろうか。
○第2場面…なぜ、もぐり漁師の太一が一本づりの与吉じいさに弟子入りしたのだろうか。
○第3場面…「海で生きられます」とはどういう考えなのだろうか。
○第4場面…なぜ、太一は二十キロのクエに興味をもてなかったのだろうか。
○第5場面…なぜ、百五十キロをこえるクエの様子は詳しく書いているのだろうか。
○第5場面…なぜ、「大魚は海の命だ」の一文を入れたのだろうか。
○第6場面…五場面の「海の命」とどのように違うのだろうか。

■B 実践の主発問[10]
安茂と建原の実践は、同学年での共同研究のため発問等は共有。
○第1場面…父の生き方を尊敬できるか。→判断メーター⑩～①で表す。
○第2・3場面…与吉じいさの生き方を尊敬できるか。→判断メーター⑩～①で表す。
○第4場面…母が太一を止めなかったことに共感できるか。→判断メーター⑩～①で表す。
○第5・6場面…太一は瀬の主から逃げたのか。→二者択一。「逃げた」か「そうではない」か。
○全体…太一の生き方に最も影響を与えた人物は誰か。→父、与吉じいさ、母それぞれについて、判断メーター⑩～①で表す。
○全体（第6場面中心）…太一の生き方に納得するか。→二者択一「納得する」か「納得しない」か。

■C 実践の主発問[11]
本実践での第二次の扱いは、場面ごと（「縦切り」）ではなく、全文を3つの「学習課題」に沿ったいわば「横に切った授業」展開を構想している。

●第2時／全6時…【学習課題】「父」や「与吉じいさ」、「母」の言動をとらえ、「太一」にどのようなえいきょうを与えたか考えよう。
○「父」「与吉じいさ」がどんな人か分かるところに線を引き、ノートに書きましょう。
○「父」や「与吉じいさ」、「母」が、それぞれ「太一」にとって、どのような存在で、どのような影響を与えていったのかを考えて、書きましょう。

●第3時／全6時…【学習課題】「太一」と「瀬の主」との出会いについて、詳しく読もう。
○「瀬の主」の様子が分かるところに線を引きながら読み、ノートに書きましょう。
○「瀬の主」と出会う前、「太一」にとって「瀬の主」はどのような存在でしたか。
○「太一」は、「瀬の主」に対して、どのような気持ちの変化がありましたか。

●第4時／全6時…【学習課題】最終場面を読み、「太一」がどのような生き方を選んだのかを考えよう。
○前の時間、「太一」の「瀬の主」に対する気持ちが変化した場面を詳しく読みました。なぜ、「太一」は「瀬の主」をもりで打たなかったのでしょう。また、なぜ、気持ちが変わったのでしょうか。
○最終場面にある「村一番の漁師」とはどんな漁師でしょうか。
○「太一」が、生涯誰にも話さなかったのは、どうしてだと思いますか。

（下線部は、引用者による）

人物の心情を直接問うか、問わないか、という観点からの検討の前に、本教材の特性につ

いて触れておきたい。本教材の概要は既に述べた通りであるが、これまでの実践の多くは、主役の太一の生き方が、脇役のおとうと与吉じいさとの生き方に大きく影響された成長譚だととらえられてきたようである。果たして、そう言い切れるだろうか……？

一読後の素直な感想として、ある学級の子どもから、「最後の場面の前の３行はいるのかなあ……？」というつぶやきが漏れた、ということを「海の命」の研究授業後に直接、学級担任から聞いたことがある。その子どもは、「やがて、太一は村のむすめとけっこんし、子どもを四人育てた。男と女と二人ずつで、みんな元気でやさしい子どもたちだった。母は、おだやかで満ち足りた、美しいおばあさんになった」の３行に違和感を抱いたことになる。その子どもの真意ははかりかねるが、最終場面までに１度きりしか登場しなかった母の存在を、ここで改めて、「母は、おだやかで満ち足りた、美しいおばあさんになった」と書く必要があったのだろうか、と思った可能性は否定できない。逆に考えれば、最終場面であえて、「母は、おだやかで……美しいおばあさんに……」と入れなければならなかったのは、太一の成長にも何らかの影響を与えていたのではないのだろうか、という発想も認めなければならないことになる。

この母の存在と、本教材のクライマックス場面（主役の太一が、宿敵である瀬の主にもりを打たなかった場面）での太一はなぜ、唐突ともいえる「おとう、ここにおられたのですか。また会いに来ますから」と発した言葉との因果関係はないといえるのか、ということに突き当たる。前の場面での「おまえが、おとうの死んだ瀬にもぐると、いつ言いだすかと思うと、わたしはおそろしくて夜もねむれないよ。おまえの心の中が見えるようで」という母の子を思う心情と、太一のクライマックス場面での言動とが何の繋がりもないとは到底思えないのだが。

以上のように教材の特性をとらえた上で、３つの実践を「人物の心情を直接問う」授業と「人物の心情を直接問わない」授業との観点からの比較検討を行ってみたい。

まず、３種類の下線部についての説明をしておきたい。細実線部（──）は、登場人物の「誰の・何のこと」に焦点化しているのか。太実線部（──）は、クライマックス場面で太一の心情の変化をどのように読み取らせようとしているのか。そして二重線部（══）は、最終場面の扱い方についてである。

細実線部は３者３様ではあるが、「母」の存在にも焦点を当てているのは、Ｂ実践とＣ実践である。Ｂ実践では、読者の視点から、「父」「与吉じいさ」の生き方を尊敬できるかと問い、「母」については、母親の言葉を取り上げ、太一を止めなかったことに共感できるかと問うている。そして第二次の最後では、「太一の生き方に最も影響を与えた人物は誰か」と比較させている。どの学習活動も、⑩〜①の「判断メーター」で、その度合いを判断させ思考をうながしている。それに対してＣ実践では、「父」と「与吉じいさ」に焦点化させた後、「母」を含めて、それぞれが「太一」にとって、どのような存在で、どのような影響を与えたのかを考えさせ書き出させている。

ＢとＣの実践とＡ実践との大きな違いは、Ａ実践では、太一の心情を、父親の死と与吉じいさに弟子入りしたことに焦点化して、直接心情を訊いているところであろう。

Ｂ実践の「尊敬できるか」「共感できるか」という発問が妥当であったかどうかは、検討の余地は残されているが、「母」の存在を学習者の視野に入れ、心情を直接問わない学習が学

習者のどのような反応を導き出したかの一端をここで紹介しておく[12]。

> C　クエを殺さなかったのは、与吉じいさの「千びきに一ぴきでいい。」という教えより、母を二度と悲しませたくないという考えがあったからだと思います。母の「おまえが、おとうの死んだ瀬にもぐると、いつ言いだすかと思うと、わたしはおそろしくて夜もねむれないよ。」という言葉がずっと頭の中にあったのだと思います。
> C　太一のことを一番心配していたと思うからです。陰でずっと見守っていたからです。
> C　本文には母はあまり登場しませんが、太一が生まれてからずっと近くで支えてきたと思うからです。太一も、母のことを支えたいと思っていたと思います。
>
> （建原実践から）

太実線部が示すクライマックス場面では、C実践では、太一の心情の変化を、「『太一』は、『瀬の主』に対して、どのような気持ちの変化がありましたか」「なぜ、『太一』は『瀬の主』をもりで打たなかったのでしょう」と、直接、心情を問うて読み取らせようとしているのに対して、A実践では、「なぜ、百五十キロをこえるクエの様子は詳しく書いているのだろうか」や「なぜ、『大魚は海の命だ』の一文を入れたのだろうか」と、作者の意図を問うことで、読み取らせようとしている。その成果がホームページ上では示されていないため、こういった発問で、太一の心情の変化にどこまで迫ることができたのかをはかることができないのが残念である。

一方、B実践では、「太一は瀬の主から逃げたのか」と、「逃げた」か「逃げていないか」かと、二者択一で、太一の心情の変化に迫っている。以下は、著書の中で紹介されている実際の授業の模様である[13]。

> T　今日は先生が「海の命」でどうしても気になっていることを、みんなにも考えてほしいと思います。太一と瀬の主は海の中で出会いましたよね。太一は、瀬の主を殺しませんでした。それはつまり、太一が瀬の主から逃げたということではないですか。
> C　あー。なるほど。いや、逃げてないでしょ。（児童が様々につぶやく）
> 　〈ワークシートに自分の考えを記入〉
> 　　瀬の主から逃げた………7人　そうではない………23人
> T　太一は瀬の主から逃げたと思う人から、そう考えた根拠や理由を教えてください。
> C　150キロもあるし、おとうを殺した魚なんだから怖いはずだと思います。
> C　「殺さないですんだ。」というのは、太一自身が瀬の主に殺されずによかったと感じているんだと思うし、「生涯誰にも話さなかった。」というのは、瀬の主から逃げたことを恥ずかしくて誰にも話せなかったのではないかと思います。
> C　150キロある瀬の主にもりを刺してもびくともしなかっただろうから、殺さなかったのではなく殺せなかったんだと思います。
> C　おとうだと思った瀬の主にはやっぱり勝てないし、自分の親を殺すこともできないから、太一は逃げたといえます。
> C　父のかたきをうつために漁を続けていたのに瀬の主を殺さなかったのは、怖くなったからで、自分も死んでしまうのではないかと考えて瀬の主を殺さなかったんだと思

います。
　T　太一は瀬の主から逃げていないと考えた根拠や理由を教えてください。
　C　「夢は実現するものだ。」と書いてあるということは、その後、太一の夢は実現したことになります。瀬の主を殺さないことで太一の夢は実現したのだから、逃げていることにならないし、恐怖を感じていたら太一が興奮することはないと思います。
　C　大切な父の死んだ瀬に一人でもぐれるほど太一には勇気があるのだから、瀬の主からも逃げないはずです。
　C　笑顔を浮かべながら逃げることはないと思います。
　C　大物だと興奮していたのに逃げるなんて、太一のプライドが許さないと思います。
　C　太一は瀬の主を父だと思っているのだから、自分の親からは逃げないと思います。
　　　……以下、10人の発表が続くが、以後は、主要な発言だけを記す。（引用者）……
　C　大きなクエに父が殺されたということは、命を奪った瀬の主が父の命をもっているということになります。太一は父に会いたいのだから逃げないと思います。
　C　父を殺した存在として憎んで殺そうとしたけど、瀬の主は大切な存在だと太一は気付いて、殺したい気持ちを必死で抑えて殺さずにすんだのだと思います。
　C　父も含めて、クエに挑んだ漁師たちの魂を感じたから、太一は瀬の主を海の命だと思ったはずです。だから瀬の主を殺さなかったので、逃げたことにはなりません。
　C　「ふっと」が本文には2回出てきます。1つ目は「おまえは村一番の漁師だよ。」と太一の成長を喜んでいる場面で、与吉じいさのプラスの気持ちを表しています。2つ目は「太一はふっとほほえみ」と瀬の主を無理に殺そうとしなくていいと安心している場面で、ここも同じように太一のプラスの気持ちを表しています。だから瀬の主から逃げたのではなく、一人前の漁師になるという欲から逃げたと考えました。
　　　　　　　　　　　　　　　　　　　　　　　　　　　　　　（安茂実践から）

　以上、3つの実践を比較検討してきたが、B実践の主発問は、「大きな発問」の中でも、「深める発問」が主で、中には、上の授業記録が示すように、「太一は瀬の主から逃げたのか」といった学習者に「判断」をうながす「刺激的な発問」もある。つまり、「人物の心情を直接問わない文学の授業」の骨格をなすのは、学習者に「判断」をうながす「広げる発問」や「深める発問」ということになる。ここで、長崎・坂元・大島が構想した「海の命」の具体的な学習活動（発問）例を示し、「何を・どう判断するのか」の妥当性について検証してみたい。

5-4　「何を・どう判断するのか」の妥当性の検証

1．太一は、だれの影響をどれだけ受けたのかを、①〜⑩のスケーリングで判断し、交流する。（**広げる発問**）
　　……おとう、与吉じいさ、母それぞれを単独で……
　　……3人を、円グラフを活用して……
2．太一は、クエと戦うことに死の恐怖を感じていなかったかどうかを考え、交流する。（死の恐怖を「感じていた」「感じていなかった」）（**広げる発問**）

> 3．太一は、クエと対面したとき、「ふっとほほえみ」……「もう一度えがおを作った」とあるが、もしこのとき、だれかの言葉を思い出したとしたら、「だれの、どんな言葉」を思い出したのだろうか。（**深める発問**）
> 4．太一は、クエと戦うことを「避けたのか」「逃げたのか」「その他（　　　）」を判断し、交流する。（**深める発問**）
> 5．「○○太一は生涯だれにも話さなかった」の○○に入る言葉として最も適当なのはどの言葉か。（①とうとう　②もちろん　③結局）（**広げる発問**）
> 6．「もちろん太一は生涯だれにも○○なかった」とあるが、「話さなかった」のか「話せなかった」のか。（**深める発問**）
> 7．「海の命」の最終場面の初めの３行は、必要か。（**深める発問**）

　これらの学習活動（発問）が妥当なものであるかどうかの検証はもちろん、今後の実践に委ねるほかないことではあるが、「人物の心情を直接問わない文学の授業」の骨格であり、今後の文学の授業に活性化をもたらすことと信じている

　なお、参考までに「海のいのち（命）」の原作について簡単に触れておきたい。教科書に採録されている「海の命」（光村図書版）と「海のいのち」（東京書籍版）の原典は、1992年に出版された絵本『海のいのち』（ポプラ社）である。この絵本『海のいのち』の原作として、「一人の海」（『海鳴星』集英社、1993年、所収）という立松和平の短編小説があることはあまり知られていない。この原作では、太一の「母」にまつわる叙述が全編で13カ所にも及ぶ。もちろん、教科書教材での「母」の存在を示す２カ所も、以下のような叙述で登場する。

○「おっ母は、お前がお父の瀬に潜るといいいだすかと思うと、恐ろしゅうて夜も寝られん。お前の顔にそげん言葉が書かれちょる」
　　太一は母と何度同じ会話を交わしたことだろうか。自分を思ってくれる母の気持ちが嬉しくないはずはないのだが、太一としてもここまでつちかってきた信念を曲げる気はなかった。太一は嵐さえも跳ね返す屈強な若者になっていたのだ。その逞しい背中に、太一の母の悲しみさえも背負おうとしていたのである。

○やがて太一は村の娘と結婚し、子供を四人つくった。男と女と二人ずつで、どれも元気な子供たちだった。母は穏やかで満ち足りた美しいお婆さんになった。太一は世間から見れば貧乏だったのかもしれないが、不足というものを感じなかった。

また、そのほかにも、以下のような気がかりな叙述が散見される。

○「あんな幸せな男はないばい。今ではクエになって海ん底ば泳いでいるんじゃなかろうかねぇ」
　　あの事故があってから、母は何度も何度も同じことをいった。父の死をまわりの人に納得させてまわっているようないい方であった。納得させたかったのは自分自身であったろう。母も父から誇り高い生き方を受け継いでいたのだ。

○「どうしてお父の瀬にいっちょるたいね」
　「あそこには魚がおる。与吉爺さはあの瀬に魚を飼い付けしちょるばい」
　「お父の敵をとろうと考えちょること、おっ母にはお見通しよ。お父でさえ敗けたクエよ。半人前のお前にどうして敵打ちができるね。そんなことば考えちょると、おっ母は

夜も眠れんばい」

　昼の光が縁先に跳ねていた。その向こうには光る海がある。海はまるで光でできているかのようだった。命あふれる海だが、死の海でもある。太一は母親に心の底まで正確に見ぬかれていることに改めて驚いた。母は息子の死を案じているのである。

　ただ、上に記した「『何を・どう判断するのか』の妥当性の検証」は、「海の命」の教科書教材だけを対象とした「読み」でも有効だと考える学習活動（発問）の在り方に迫ったものである。教材解釈や教材研究段階で1つ注文をつけるとすれば、これまで、脇役的存在として扱われてきた「母」の存在を、作品の全局として見直す必要があるということである。

6．人物の心情を直接問わない「手だて」
―学習者に「判断」をうながす「しかけ」のバリエーション―

【文学教材で「判断」をうながす発問の基本型】
①解釈を問う発問
②論理・関係性（つながり）を問う発問
③教材を「評価」する発問

　ここでは、3つの「発問の基本型」それぞれに、「学習者に『判断』をうながす『しかけ』のバリエーション」を示し、小学校教材の「お手がみ」（低学年）、「ちいちゃんのかげおくり」（中学年）、「海の命」（高学年）での具体的な発問例を挙げておく。

【解釈を問う発問】

A）どちらが○○か……？　⇒その根拠と理由は……？
　（例）「二人とも、とてもしあわせな気もちで」⇒「がま君とかえる君とでは、どちらが
　　　　しあわせか……？」

B）どの程度か、どれくらいか……？（スケーリング）⇒その根拠と理由は……？
　（例）「太一は、だれの影響をどれくらい受けたのでしょうか……？」
　　　　【おとう】【与吉じいさ】【母】もスケーリングで測る）
　　　　〈受けていない〉①　②　③　④　⑤　⑥　⑦　⑧　⑨　⑩　〈受けた〉

C）一番はどこ（どれ）（だれ）か……？　⇒その根拠と理由は……？
　（例）「がま君が一番うれしかったのは、どの場面ですか。次から選びなさい」[14]
　　　　①かえる君から「だって、ぼくが、きみにお手紙だしたんだもの」と聞いたところ。
　　　　②かえる君から、お手紙の内容を聞いたところ。
　　　　③二人で、手紙が来るのを待っていたところ。
　　　　④かたつむり君から手紙を手渡されたところ。

D）どの順番か……（順位は……）？　⇒その根拠と理由は……？
　（例）「次の4つの場面（C）と同じ」で、がま君がうれしかった順に番号をつけなさい」[15]

E）どんな音が聞えるか、どんな色が見えるか……？　⇒その根拠と理由は……？
　（例）「今日は、いくさが激しくなってくる2の場面です。一度読んでもらいますが、
　　　　みんなにはどんな音が聞えてくるのかしっかり聞いてください」

（例）「1の場面のお母さんの心の色が見えますか……？　このハートにどんな色を塗ればいいでしょうか……？」
　Ｆ）どう読めばいいのか……？　どう聞こえてきたか……？　⇒その根拠と理由は……？
　　　（例）「『ばからしいこと、言うなよ。』は、おこったように読んだほうがよいですか。悲しそうに読んだほうがよいですか。また、聞いている人には、どのように聞こえてきましたか」

【論理・関係性（つながり）を問う発問】
　Ｇ）どちら（どれ）が適当か……？　⇒その根拠と理由は……？
　　　（例）「もちろん太一は生涯だれにも○○なかった」⇒「『話さなかった』のか『話せなかった』のか」
　Ｈ）○○に、どの言葉を入れるのが適当か……？　⇒その根拠と理由は……？
　　　（例）「○○、ここにおられたのですか。また会いに来ますから」
　　　　　①与吉じいさ　②おじい　③おとう
　Ｉ）もしも、○○でなかったとしたら……？　⇒その根拠と理由は……？
　　　（例）「もしも、大魚に出会っていなかったとしたら、太一はこの後、どうしたと思うか……？」
　　　（例）「もしも、かえる君が、かたつむり君に出会っていなかったとしたら、かえる君はどうしたと思うか……？」

【教材を「評価」する発問】
　Ｊ）いるか・いらないか……？（よかったのか・よくなかったのか）⇒その根拠と理由は……？
　　　（例）「『海の命』の最後の場面は、必要ですか……？」
　　　（例）「かえる君は、お手紙をかたつむり君に頼んでよかったの……？」

　もちろんこれらの「学習者に『判断』をうながす『しかけ』のバリエーション」は、以下の佐藤佐敏の先行事例が示すように、中学校以上の教材でも十分活用できよう[16]。
- 「キキは幸福であったと言えますか。言えませんか。」（「空中ブランコ乗りのキキ」中学1年）
- 「主人公の心情が最も変化したのは、次のどの場面だと考えますか。」（「故郷」中学3年）

7. 結語

　本稿を執筆するキッカケとなったのは、長崎が小学校教員時代（既に25年以上前になるが）に、「人物の心情を直接問わなくても、十分心情を考えさせることはできる！」という実践経験が基になっている。このことが「原点」であるが、ここに来て、「思考力・判断力・表現力」の育成が最重要課題となったことを受け、志を同じくする坂元や大島などとともに、実践・研究を深めてきたことで、「発問の基本型」や「学習者に『判断』をうながす『しかけ』のバリエーション」まで提案するに至った。今後さらに実践者や研究者との交流を深め、具体的な提言を行っていきたい。

〔付記〕
　なお、実践編1（小学校編）と実践編2（中学校編）の15本の実践論文それぞれには、「九州国語教育探究の会」の先輩の先生方から「実践のポイント」を記述していただいた。それぞれの実践の特長を的確に価値づけ、評価してくださっている。先に「実践のポイント」をご一読後に実践論文をお読みくださることも試みていただければ幸いである。

〔注〕
(1)　中央教育研究所『教師と児童・生徒の教科書の使い方および教科書観に関する調査』財団法人中央教育研究所、平成21年6月
(2)　『小学校国語　学習指導書 四上 かがやき』光村図書、平成27年2月25日
(3) (6) (9)　ホームページ (http://www.ikedanet.jp//ibikyouiku/data) より引用
(4) (7) (10) (12) (13)　長崎伸仁・東京都調布市立富士見台小学校『「判断」でしかける発問で文学・説明文の授業をつくる』学事出版、2014年11月
(5) (8) (11)　『小学校国語　学習指導書 六 創造（下）』光村図書、平成27年2月25日
(14) (15) (16)　佐藤佐敏『思考力を高める授業』三省堂、2013年5月

　　　　　　　　　　　　　　　　（長崎伸仁：創価大学大学院教授）
　　　　　　　　　　　　　　　　（坂元裕人：鹿児島県鹿児島市立玉江小学校長）
　　　　　　　　　　　　　　　　（大島　光：創価大学助教）

第Ⅱ部

実践編1

小学校編

小学1年　「お手がみ」(アーノルド＝ローベル　三木卓　訳)

「比較」「選択」で思考を深化させる

東京都八王子市立七国小学校　沼田　拓弥

1. 単元目標

- 「比較」「選択」することを通して登場人物の気持ちを考え、想像を広げながら読むことができる。

2. 学習者に「判断」をうながす発問の「しかけ」の工夫

(1)「比較」「選択」させることの有効性

思考を深化させる文学の授業を展開するためには、物語中の事柄A・事柄B、2つの事柄を関係付けて読ませることが必要である。この2つの事柄を「比較」させることでAとBの共通点、相違点が見え、思考が活性化することが期待できる。

また、教師は学習者に発問をする際、「AかBか」を「選択」させることで、自分の立場を明確にし、その根拠も含めて自分の考えを表現させる場を設定することができるのである。その際、「何を比較させるのか」が教材研究の重要なポイントになる。

(2) 登場人物を「比較」させる(第2時)

「お手がみ」の授業を展開するにあたって、かえるくんとがまくんの個性的なキャラクターをとらえさせた上で学習を展開することは、学習者の思考をより深化させると考える。したがって、かえるくんとがまくんを「〇〇〇なかえる」と表現させ、それぞれにしかない個性的な部分を明らかにしたい。

更に、ベン図を用いて「比較」させることで2人の似ている点にも着目することができる。学習者は、それぞれ単独のキャラクターのみならず、人物像を関連付けて考える中で2人の関係性にまで思考を深化させることができる。

(3) 2人の悲しみ／幸せを「比較」「選択」させる(第3・6時)

かえるくんとがまくんの心情の変化という視点で考えると、大きな変化として「悲しみ→幸せ」が文中の表現から読み取ることができる。しかし、学習者にこの単純な変化を読み取らせるだけでは思考を深化させることは難しい。

それぞれの場面で「かえるくんとがまくん、どちらの方がより悲しかったのか／幸せだったのか」を「比較」させることで、学習者に2人の悲しみと幸せには、質的に微妙な違いがあることに気付かせ、思考を深化させることができると考えた。

(4) どちらがよかったのかを「比較」「選択」させる(第4・5時)

物語中の出来事として「かえるくんががまくんに手紙の内容を事前に伝えてしまったこと」「手紙をかたつむりくんに託したこと」はよかったのかを考えさせる。「もし伝えていなかったら……」「もし違う友だちに託していたら……」と思考させ、事実と「比較」させることで、それぞれの出来事がもたらした効果にまで思考を深化させることができる。

3. 人物の心情を直接問わない文学の授業の単元計画(全8時間)

第一次第1時　教材との出合い。新出漢字の練習、難語句の学習。物語の全体をログラインで表現する。
　　　第2時　かえるくんとがまくんの人物像を考える。
第二次第3時　2人の「悲しみ」を比較して考える。
　　　第4時　かえるくんの言動について考える。

第5時　かたつむりくんへの依頼について考える。(本時)
第6時　2人の「幸せ」を比較して考える。
第三次第7時　がまくんの立場で手紙を書く。
第8時　読み手の立場から手紙を書く。

4. 本時の授業展開（5/8時）

(1) 本時の目標
- かえるくんが手紙を預ける相手を比較し、どちらがよいか自分の考えを表現することができる。

(2) 本時の授業づくりのポイント
◇手紙を頼むのは「かたつむりくん」か「とりくん」か

かえるくんはがまくんを喜ばせるために手紙を書き上げ、その手紙を偶然出会ったかたつむりくんに届けるようにお願いする。かたつむりくんは「すぐやるぜ」と答えるも、結果的にがまくんの手元に手紙が届いたのは4日後のことであった。

この手紙が届くまでの時間の長さをきっかけとして、学習者に「手紙を預ける相手はかたつむりくんではなくて、とりくんの方が良かったんじゃないかな」と問いかける。「もし、とりくんががまくんの元に手紙を届けたとしたら……」と学習者にゆさぶりをかけると、確かにとりくんの方がすぐに手紙を届けてくれそうであり、悲しい気持ちで手紙を待っているがまくんを少しでも早く喜ばせてあげることができるという発想が生まれてくる。

一方、かたつむりくんに手紙を預けることで生まれた4日間という時間にも着目させたい。がまくんの手元に手紙が届くまでに時間が生まれたことの意味を考えさせる。

学習者に「かたつむりくん」と「とりくん」とを「比較」させることで、単純に手紙をがまくんの元に届けるという行為だけでなく、それぞれがもたらす効果についてまで思考を深化させることができると考えた。

◇「個人→ペア→全体」の過程で思考を深化させる

本時で用いるワークシートは下の図の通りである。まずは、学習者個人で思考する時間をしっかりと確保する。かたつむりくんととりくんとを「比較」させた上で、どちらか一方を「選択」させ、その根拠・理由を記述させる。

続いてペアを作り全員が自分の考えを表現する場を設定し、それぞれの考えを表現させる。ペアによって、同じ立場、違う立場は異なるがそれぞれの学習者が何を「根拠」として、そのような考えを表現したのかには違いが生まれる。お互いの考えを交流させる中で、より多様な思考の視点を学習者は知ることができるのである。

ペア交流の後に、全体での意見交流を行う。「かたつむりくん」「とりくん」それぞれの立場から意見を述べた後、反対の立場の学習者に納得しても

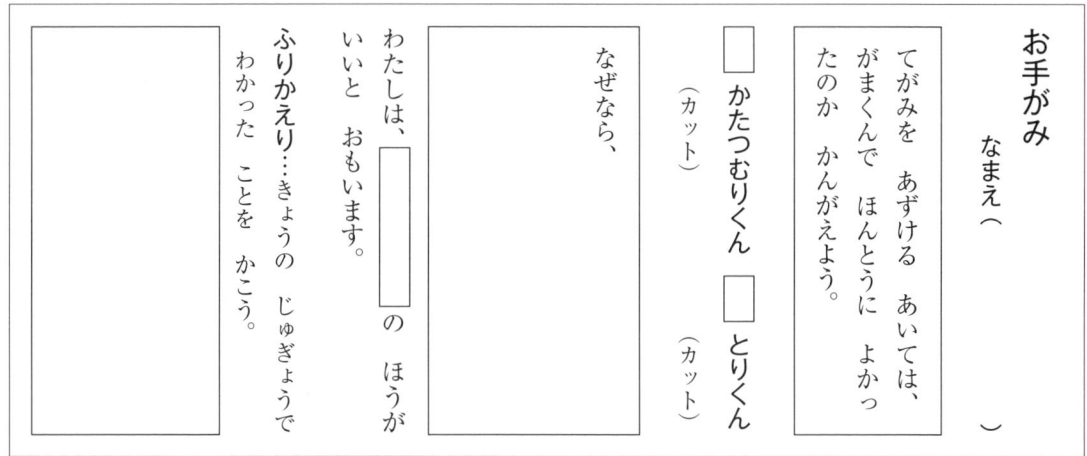

らえるように考えを発表させる中で、更なる思考の深化をうながしたい。

◇対比型の板書で思考を整理する

今回は、「かたつむりくん」「とりくん」の２択で学習者に考えを表現させるため、それぞれの立場の「根拠」や「理由」が一目で比較できるように板書を工夫する。また、板書の中からキーワードを拾い、それらをつなげて図式化することで平面的な板書ではなく立体的な板書で構造を理解できるように心がけたい。

小学１年生という発達段階も考慮するとただ文字テキストのみを扱うのではなく、挿絵を有効活用し、物語を自分の言葉で語らせ、確認しながら授業を展開することも考えられる。本時でも以下に示した３枚の挿絵を黒板に貼り、「それぞれがどのようにつながり、物語が展開したのか」を自分の言葉で語らせてから、授業を開始した。

※黒板に貼った挿絵の内容は以下の通り。
- 挿絵１…かえるくんがかたつむりくんに手紙を渡している挿絵。
- 挿絵２…かえるくんとがまくんが手紙を待っている挿絵。
- 挿絵３…がまくんがかたつむりくんから手紙を受け取っている挿絵。

(3) 展開

主な学習活動	指導上の留意点
１ 本時で扱う場面を挿絵で確認する。	● ３枚の挿絵を使ってどのような話の流れかペアで交流させる。
２ 本時のめあてを確認する。	
手紙を預ける相手はかたつむりくんで本当によかったのか考えよう。	
３ 教科書を音読する。	
４ ワークシートに自分の考えを記述する。	● 立場を明確にした上で、その根拠や理由を記述させる。
５ 考えを交流する。	● ペアでの交流の後、全体で意見を共有する。 ● それぞれの立場の考えが比較できるように板書する。
６ 本時のふりかえりを記述する。	

(4) 板書計画

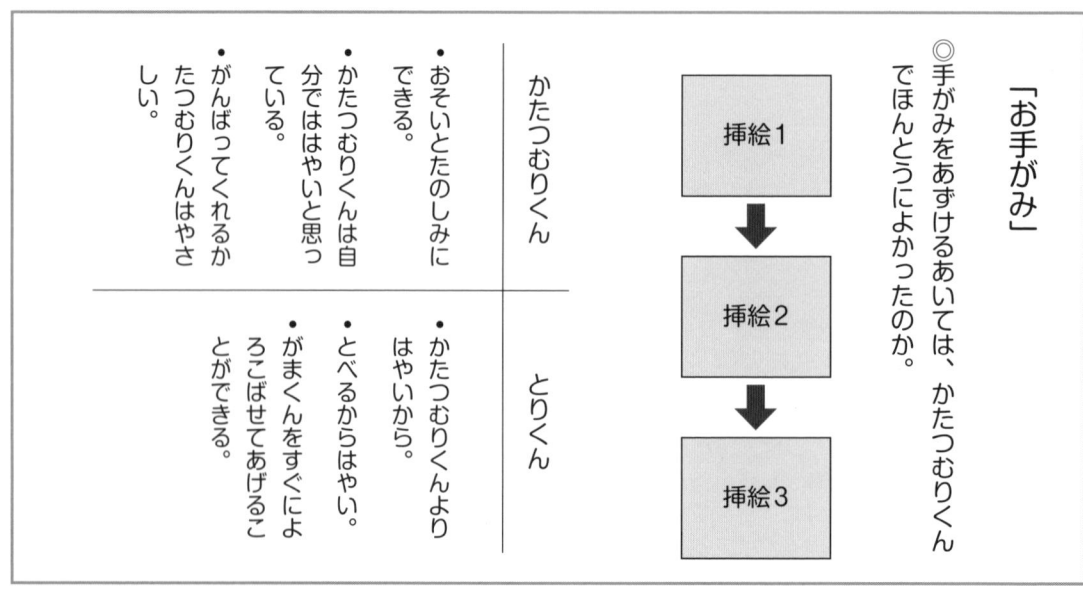

5.「比較」「選択」で人物の心情に迫った授業の実際

(1)【第5時】(本時)の授業について

「比較」「選択」で学習者に「判断」を迫った結果、かたつむりくん派が14名、とりくん派が12名(欠席5名)であった。

とりくんを選んだ学習者の理由としては「かたつむりくんは4日もかかってるけれど、とりくんは5分くらいで来ると思うから」「とりくんの方が空を飛んで速いし、がまくんがすぐに手紙が見られるから」等、悲しい気分で手紙を待つがまくんを一刻も早く幸せにしてあげたいという「速さ」に着目した考えを述べている学習者が多く見られた。

一方、かたつむりくんを選んだ学習者は「とりくんだとかえるくんより早く着いてしまうから、僕が手紙書いたんだって伝えられない」「届くのが遅かったら楽しみにできるし、いつ来るかも楽しみでドキドキするから」等の理由が挙げられた。かたつむりくんが遅かったことによって発生した4日間という時間に価値を見出し、思考を深めていた。

また、かえるくんとがまくんが2人で玄関の前で待つ時間を教科書の記述には「とてもしあわせな気もち」と表現されているが、学習者は「うきうき」「わくわく」「ドキドキ」「お楽しみ」という言葉を用い、自分の言葉として2人の気持ちを表現している姿が見られた。

意見交流後の学習のふりかえりには、「初めはとりくんだと思っていたけれど、発表してみんなの考えを聞いて、かたつむりくんでもいいと思いました」と友だちの意見を聞いて考えが変化したと記述した学習者が8名見られた。これは、自分とは違う立場を選択した友だちの考えを聞くことによって思考が深まった姿といえるだろう。

(2)「比較」「選択」させる発問とその結果

各学習において学習者に「比較」「選択」させた発問は以下の通りである。

【第2時】「かえるくんとがまくんってどんなかえるか比べてみよう」「似ているところはあるか」

【第3時】「かえるくんとがまくんはどちらの方が悲しかったのだろう」(かえるくん派…0名、がまくん派…21名、2人とも同じ…10名)

【第4時】「かえるくんはがまくんに手紙を出したことを言ってしまって本当によかったのか」(言ってよかった…18名、言わない方がよかった…11名、欠席2名)

【第6時】「かえるくんとがまくんはどちらの方が幸せだったのだろう」(かえるくん派…2名、がまくん派…9名、2人とも同じ…20名)

いずれの時間においても、立場が分かれ【第5時】のような活発な意見交流が行われた。学習者はそれぞれの立場で自分の考えを主張し、教師によって投げかけた発問から、更に視野を広げ、気持ちを直接問いかけることなく人物の心情に迫る思考を働かせることができた。

A or B (or C)と2択(3択)で自分の立場をはっきりさせることによって、意見交流の際に自分の考えをただ単純に発表するだけでなく、相手をいかに説得するかという「相手意識」をもった表現ができるようになった。各時間のふりかえりにも「○○くんの考えに今日は納得して自分の考えが変わりました」との記述が多く見られ、1時間の中で他者との意見交流を行うことによる個人の思考の深まりを見取ることができた。また、自分1人では自信のない学習者にとっても、自分と同じ立場の友だちがいることによって意見を表現しやすい環境を整えることができた。

(3) 学習者のつぶやきから「問い」が生まれる瞬間

「比較」「選択」の学習過程で繰り返し授業を行う中で、学習者から「問い」が生まれる瞬間があった。【第4時】の「かえるくんはがまくんに手紙を出したことを言ってしまって本当によかったのか」は、【第1時】に教師が教科書を範読した際、「ああ、言っちゃった……」という学習者のつぶやきから生まれた発問である。また、【第5時】

の「手紙を預ける相手はかたつむりくんで本当によかったのか」では、授業終了時に「かえるくんが自分でがまくんに渡しに行ってもよかったかも……」というつぶやきが生まれ、「かたつむりくん」「とりくん」「自分」という3択にしてもおもしろかったかもしれないという声が教室に広がった。

このように、「比較」「選択」を通して学習を行った結果、学習者から学びの「問い」が生まれたことはとても興味深かった。学習者が主体性をもって、自分たちで授業を創っている姿が想像できるだろう。

6. 実践の成果と今後の展望

(1) 実践の成果

◇「根拠」「理由」のある表現力の育成

今回の「比較」「選択」の授業実践を行い、まず感じたことは個人の学力に関係なく、どの学習者も自分の考えを生き生きと表現していたということである。A or Bという一見単純に見える学習だが、その結論に至るまでには、学習者1人1人に「根拠」「理由」の違いが生まれる。それらを学びのきっかけとして取り上げることで、思考を深化させることが可能になることを強く実感できた。

そして、単元を通して繰り返し「比較」「選択」という流れで授業を展開したことによって、学習者は自分の立場を明確にした上で、考えを表現することに慣れることができた。また、「このときのかえるくんの気持ちは……」「がまくんはどんな気持ちだったのかな……」と心情を直接問い、安直に「気持ち」のみを表現させる発問と比べると、今回の実践では自分の考えに「根拠」や「理由」をもたせた上で、登場人物の心情に迫ることができたと実感している。

◇学習者の「手紙」に表現された思考の深化

学習者に単元を通して繰り返し「比較」「選択」させ、実践を行った結果、【第7時】【第8時】の「手紙」を書く活動に思考の深化を感じさせる学習者の表現が生まれた。紙幅の関係上、すべてを記すことはできないが、以下にその内容を紹介する。
(波線は執筆者による)

【第7時】

> (やさしいかえるくんへ)
> 　きみはぼくがこまっているときや、おこっているときにいちばんはじめにたすけてくれるやさしいともだちだ。かえるくんがどうしてそんなにやさしいのかぼくはしりたくて、しりたくてたまらない。あしたどうしてやさしいのかおしえて。かえるくんは、ぼくにいじわるしないやさしいともだちだ。
> 　　　　　(きみのともだちがまがえるより)

> (大しんゆうのかえるくんへ)
> 　ぼくはきみが大すきだよ。かえるくん、お手がみかいてくれたよね。あれ、ほんとうに、すごい手がみだったよ。かえるくん、ぼくは、もうふしあわせじゃないよ。あと、そりすべり、ボタンをなくしちゃったときあったよね。あのときは、ほんとうにありがとう。ぼくは、きみのことが、大、大、大すきだよ。かえるくん、お手がみかいてくれて、ありがとう。
> 　　　　　(きみの大しんゆうのがまがえるより)

> (やさしいかたつむりくんへ)
> 　ゆうびんやさんみたいなかたつむりくん。ぼく、さいしょは、すごくさみしい気ぶんだったけどかえるくんから手がみがとどくってきいてすぐにしあわせなきもちになりました。お手がみをとどけてくれてどうもありがとう。かたつむりくんもかえるくんもやさしいのにどうしてぼくだけよわむしでおこりんぼうだとおもう？
> 　　　　　(じつはよわむしのがまがえるより)

> （ぼくの大すきなかたつむりくんへ）
> 　かたつむりくん。かえるくんからの手がみ、どうもありがとう。かたつむりくん、きみはあしがおそくてよかったね。ぼくはまつときが、とてもしあわせだったよ。いっておくけど、ぼくはきみのことが大すきさ。きみはぼくが大すきか、わからないけどね。かたつむりくん、かえるくんからの手がみをとどけてくれて、ほんとうにありがとう。
> 　（かたつむりくんが大すきながまがえるより）

　このように、【第7時】の手紙では登場人物に自分を同化させながらも、かえるくんやかたつむりくんに対する疑問や素直な思いが表現されている。また、「お手がみ」だけではなく『ふたりはともだち』シリーズの他のお話に登場するかえるくんの行為に対する思いも表現されており、授業の中で思考した内容と関連付けながら表現している様子が見られた。【第5時】で扱ったかたつむりくんが遅かったおかげで、かえるくんと共に手紙を待つ幸せを表現する学習者も見られた。単元を通して行った「比較」「選択」の1時間1時間の学びは、点と点とが線となってつながり、さらには螺旋的に学びが深まった姿であると考えられる。

【第8時】

> （すぐにあきらめてしまうがまくんへ）
> 　がまくんはどうして、なんでもかんでもすぐにあきらめちゃうのか、ねむれないほどしりたくて、しりたくてたまらない。あと、どうしてよわ虫なのかもしりたい。とにかくがまくんにききたいことならいっぱいある。たとえば、すぐおこっちゃうこと、なき虫なこと、すぐがっかりすること。ほかにも、もっともっとある。だからそのくせをなおせばかえるくんみたいにやさしいがまがえるになれる。

> （がまくんが大すきなかえるくんへ）
> 　かえるくん、きみってやさしいんだね。はじめてよんだとき、こんなかえるいるの？っておもったよ。かえるくんはがまくんが大すきなんだね。がまくんがいじけてるとき、ちゃんとおせわしててえらいね。かえるくんはがまくんとかたつむりくんいがいにともだちはいる？　たぶん、やさしいからいるよね。わたしも、かえるくんが大すきだよ。かえるくんとがまくんはとーってもなかがいいんだね。

　【第8時】では、読み手の立場から登場人物であるがまくんやかえるくんへの手紙を書かせた。単元を通して学んだかえるくんとがまくんに対する率直な思いが表現されている。また、学んだことを根拠として読み手としての推測も含めながら、手紙に思いを表現する学習者の姿からも、作品に対する愛着の深さを感じることができた。

(2) 今後の展望

　今回の実践では「比較」「選択」をきっかけとして学習者に「判断」をうながすことで、人物の心情を直接問わずして、思考を深化させることができた。しかし、冒頭にも述べたように、何を「比較」させるかは教師の教材研究力によって大きく左右される。今回の「比較」の観点が果たして最善のものであったかはご批正願いたい。今後も、学習者が思考を活性化させ、自分の考えを自信をもって表現できる授業を目指し、日々、教材研究に励んでいきたい。

小学1年　「おおきなかぶ」（内田莉莎子　訳）

「登場人物に着目」し判断をうながす

千葉県松戸市立和名ヶ谷小学校　神野　佳子

1. 単元目標

- 登場人物の行動や場面の様子を想像しながら読むことができる。

2. 学習者に「判断」をうながす発問の「しかけ」の工夫

　本教材は、かぶを抜くために、6人の登場人物が次々と現れてくる。次は力の強い者が登場するかと想像するが、反対に力の弱い者が登場するという意外性のある対照が面白い所である。最後は、ねずみという一番力の弱い者が加わることにより「やっとぬけました。」という結末になる所がこの作品の面白さでもある。このような教材の特性を生かすために、①登場人物の順番について考える、②なぜ一番力の弱いねずみを呼んできたのか、③かぶが抜けた時の登場人物の心情に迫る、に着目して判断をうながす発問のしかけを考えた。

(1) ズレを引き起こす発問（第2・4時）

　ズレを引き起こす「問い」とは、読み手とテキストとの間に相違が生じ、読み手の中に対立や葛藤が起こることをいう[1]。

　第2時では、登場する人物は、次々に力が弱い者になっていき、ねずみは最も弱小の存在である。「かぶ抜き」に加わる者が大から小へと連なっていくが、第2時では、「かぶ抜き」という大事業に対し、この順番が果たして適しているのであろうか、と学習者に問いかけ、疑問を投げかけて葛藤を生じさせた。ワークシートでは「〜は、AかBか」の二者択一で考えて、その根拠と理由を記述させた。

　第4時では、ねこはどうしてねずみを呼んできたのか、ねずみを呼びにいく必要があったのかを考える発問をしかけた。ここでは、なかなか抜けないかぶに対し、ねこより小さいねずみを呼びに行く必要があったのかを考えるようにした。かぶを抜くためにはもっと体の大きな動物を呼んでくるのではないか、他の動物（例　馬、熊等）でもよかったのではないかと学習者に疑問を投げかけて、葛藤を生じさせた。ワークシートには、「〜は、AかBか」の二者択一で考えて、その根拠と理由を記述させた。

(2) テキスト全体と部分をつなげる発問（第5時）

　テキスト全体を丸ごと問うてみたい。そして、「なぜ、そう読めるのか」「なぜ、そう感じるのか」をことばの関係において明らかにする。テキストの部分と部分、あるいは、全体と部分とをつないで自分の読みを形成する[2]。

　6人の登場人物が「かぶ抜き」に関わってきたが、最後にやっとかぶが抜けた時の喜びは、それぞれどのような喜びの度合いだったのかを明瞭化するために、ランキングにして考えさせた。そして、「どうしてこの順番にしたのか」と「なぜその登場人物を1位にしたのか」の根拠と理由を記述するようにした。それにより「おおきなかぶ」に対して一番思いが深かった人物を浮き彫りにできるであろうと考えた。

3. 人物の心情を直接問わない文学の授業の単元計画（全6時間）

第一次第1時　登場人物を確認し、おじいさんの人物像を話し合う。

第二次第2時　かぶをひっぱる登場人物の順番について話し合い交流する。

　　　　第3時　ねこは、どのようにねずみを呼んできたのか考える。（対話形式）

第4時　最後にねずみを呼びにいく必要があったのかどうか話し合い交流する。

第5時　大きなかぶがやっと抜けて、一番うれしかったのは誰だったのか話し合い交流する。(本時)

第三次第6時　かぶが抜けた後の様子を想像して書く。

①かぶが抜けた後、おじいさんはねずみとどんな会話をしたかを書く。(対話形式)

②かぶが抜けた後、5人の中から1人選び、おじいさんになったつもりで手紙を書く。

(①と②のどちらかを選択して書く)

4. 本時の授業展開（5/6時）

(1) 本時の目標
- 登場人物の行動を想像を広げながら読むことができる。

(2) 本時の授業づくりのポイント
　ここでは、力を合わせてやっと抜けたかぶだが、それぞれの登場人物がどのくらいうれしかったのかをランキング（順位）表にして判断し、その根拠と理由を書いて表現するようにした。

(3) 展開

主な学習活動	指導上の留意点
1　前時を振り返る。	・ねずみがかぶを抜くのに必要な存在であったことを確認し、本時の課題と関連付けて考えられるようにする。
2　本時の学習課題を確認する。	
大きなかぶがぬけて、いちばんうれしかったのは、だれだったのでしょう。	
3　ワークシートに記入する。 ・それぞれの登場人物はかぶを抜いてどの	・今までかぶを抜いてきた順番やどのような思いで次の登場人物を呼んできたのか、想起し
くらいうれしかったのか、そのランキングをつけて考え判断する。なぜその順位にしたのかを理由とともにワークシートに書く。	ながら考える。
4　全体で考えを交流する。	〈おじいさんが1位〉の根拠 ・初めに種をまいて育てたから。 ・「あまい、あまいかぶになれ」と大切に育てようとしたから。 ・たくさんの人や動物を呼んでかぶが抜けるまでずっと頑張ったから。 〈おばあさんが1位〉の根拠 ・かぶを抜いたらたくさんかぶの料理が作れるから。 〈まごが1位〉の根拠 ・子どもの力でも役に立てたから。 〈犬が1位〉の根拠 ・おじいさんの役に立ててうれしい。 〈猫が1位〉の根拠 ・ねずみを呼んだことでかぶを抜くことができたから。 〈ねずみが1位〉の根拠 ・最後に自分の力で抜くことができ、役に立てたから。 ・猫と敵同士だが、仲良く一緒にかぶを抜くことができたから。
5　まとめる。	・交流した意見を価値づけ称賛する。
6　次時の予告をする。	

(4) 板書計画（ランキング1位の実際は、p.40を参照願いたい）

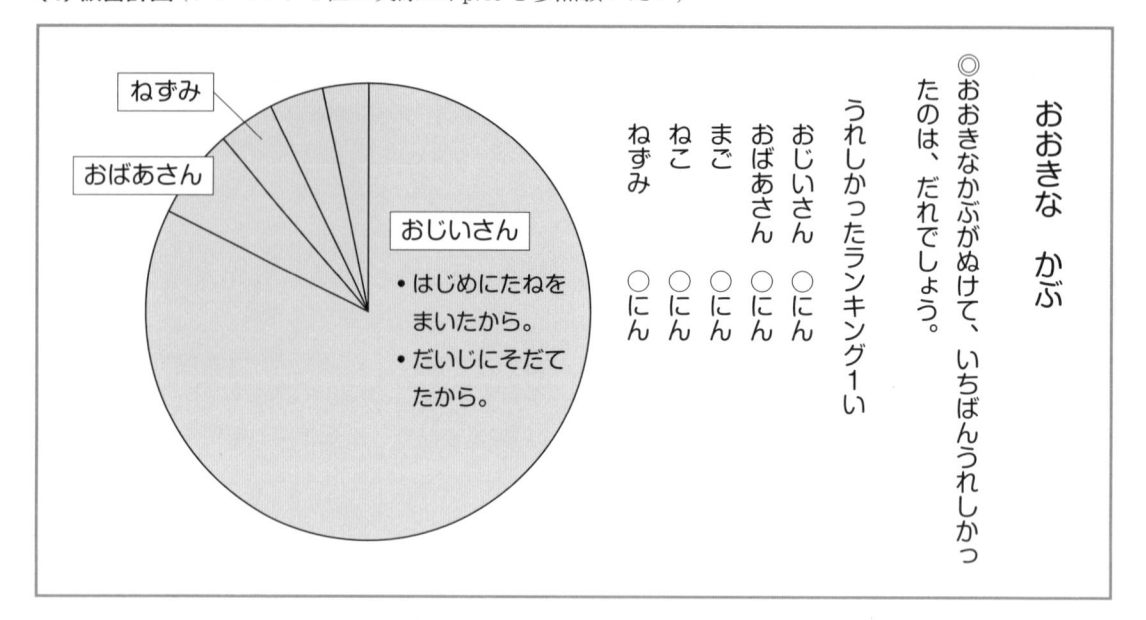

```
おおきな　かぶ

◎おおきなかぶがぬけて、いちばんうれしかったのは、だれでしょう。

うれしかったランキング1い
おじいさん　〇にん
おばあさん　〇にん
まご　　　　〇にん
ねこ　　　　〇にん
ねずみ　　　〇にん
```

［円グラフ］
- おじいさん
  ・はじめにたねをまいたから。
  ・だいじにそだてたから。
- おばあさん
- ねずみ

5.「登場人物に着目」し「判断」をうながし、人物の心情に迫った授業の実際

(1) 第2時

発問

> かぶをひっぱる順番は、おじいさん→おばあさん→孫→犬→猫→ねずみの順番で本当によいですか。
> ア（　）この順番でよい。
> イ（　）順番が変わってもよい。
> 【そのわけは、　　　　　　　　　　　】

T　だれがでてきたかな。
C　おじいさん、おばあさん、まご、犬、ねこ、ねずみ。
T　どうして、こんな人間や動物を呼んでくるのかな。
C　かぶが抜けないから。
T　おかしいなあと思ったことないですか。
C　どうして動物たちも一緒にひっぱているの。普通はひっぱれないのに。
C　1人ではひっぱれないから、みんなを呼んできたんだよ。
C　ねずみがしっぽでひっぱっているのがおかしい。
C　だんだん背が小さくなっているよ。
C　本当だったらねずみはねこに食べられてしまう。
C　どんどん力が弱くなってきているよ。
T　だんだん背が小さくなっていくことに気がついていた人いますか。
T　さっきから6人いるから抜くことができた。力を合わせたから抜くことができたと言っていたけど、6人いればこの順番でなくても抜けるのではないですか。
C　でも、ねずみが前にきたら手が届かないから。
T　本当にかぶを引っ張る順番はこれでいいのか考えてみましょう。
（ワークシートに書く）
T　順番が変わったほうがよいと思った人いますか。
C　おじいさん→まご→おばあさん→ねずみ→犬→ねずみの順番にしました。おじいさんは力持ちで、まごは少しお姉さんで、おばあさんは力が弱くて、猫はねずみとけんかをしてしまうから、犬と交換しました。

T　他にいますか。
C　ねずみ→ねこ→犬→まご→おばあさん→おじいさんです。
T　全て逆にしたんだね。どうしてそう思ったのですか。
C　後ろが大きい方が抜けると思いました。
C　でもさ、後から抜けてくるから、後ろが大きいと時間かかるよ。
T　では、この順番でいいと思った人の意見はどうですか。
C　動物がかぶの後ろだと手が短くて届かないからです。
C　おじいさんが4番目でねずみが3番目だとおじいさんはねずみが小さくてもてないし、おじいさんが転ぶからです。
T　体の大きさが合ってないからということですね。
C　力が強い順に前から並んでいるから。そうでないとかぶが抜けないからです。
C　手の力が強い順番でないと抜けないからです。動物たちは力が弱いけど、いないよりは力になるから呼んだと思います。
C　おじいさんが一番後ろになったらねずみは軽いから一緒に引っ張ってしまうと思います。だからおじいさんが一番前にいた方がいいと思います。

(2) 第4時
発問

> かぶは、ぜんぜんぬけないのに、さいごにねずみを呼びにいく必要がありますか。
> ア（　　）ねずみでなければならない。
> イ（　　）ねずみでなくてもよい。
> 【そのわけは、　　　　　　　　　　】

T　力を合わせればかぶが抜けるし、ねずみを呼んでくる必要があるのかな。くまとかゴリラとか力のある動物を呼んできたほうがすぐ抜けるのではないかな。
C　ねずみじゃないとだめだよ。
C　ゴリラだったらすぐ近くにいないし、力が強すぎるよ。
C　あと1センチ足りなかったんだよ。だから、ねずみの力でちょうどいいと思う。
T　じゃあ、今日はそこを考えてもらうよ。
T　呼びに行く必要があると思う人はア、ねずみでなくてもよいと思う人はイ、を選んで理由を書きましょう。
（ワークシートに書く）
T　イのねずみでなくてもいいよ、と思った人いますか。
T　では、アの意見の人いますか。
C　5人よりも6人の方が力があるからです。
C　ねずみだって力があるからです。犬だって猫だって力があるし、ねずみだって体は小さいけれど、みんなの力を合わせればできるからです。人間だって犬だって力があるからです。
C　ねこよりねずみの方がひっぱる力がある。
C　大きすぎたら抜けた時に勢いかけすぎでみんなお顔に当たってしまうから、ねずみでないとだめだと思います。
T　大きすぎるとかぶが抜けすぎてしまうということだね。みんなぶつかっちゃうということ？
C　ちょっとの力がほしかったからです。ちょっとの力だからねずみだと思いました。ねずみは力が弱いけど力になると思いました。
T　ちょうどいい力がほしかったということ？
C　あと1センチ足りなかったから、ねずみの力が必要だったのだと思います。
T　あと1センチ抜くだけの力がほしかったということですね。
C　他の動物より力が弱いけど、あと1センチ足りなくてねずみの力でないとだめだったと思います。
〈ワークシートの記述から〉
ア、ねずみでなければいけない。29人（100％）
イ、ねずみでなくてもよい。0人（0％）
（以下はア、ねずみでなくてはならないの記述内容）

- ねこの体の大きさに合うのはねずみだから引っ張るのにいちばん合う。
- ねずみだって力はあるし、体は小さいけれどもみんなの力を合わせればできると思う。
- ねこよりも大きい動物だったら、ねこのしっぽがとれるかもしれないから、ねこよりも少しだけ小さい動物だったらねこが引きずられないし、しっぽもとれないからねずみを呼んだ方がいいと思った。
- 大きすぎたら抜けた時に勢いかけすぎてみんなの顔にあたってみんなが頭から倒れるからねずみが必要だった。ちょっとの力がほしかった。

(3) 第5時
発問

> 大きなかぶがやっと抜けて、一番うれしかったのはだれだったのでしょう。
> うれしかった順に、ランキングをつけよう。
> 【1位にしたわけは、　　　　　　　　　】
> 【この順番にしたわけは、　　　　　　　】

T　かぶがやっと抜けて一番うれしかった順にランキングをつけて考えてみよう。
T　一番をおじいさんにした人いますか。
C　おじいさんがかぶの種をまいたし、一番初めに抜こうとした人だからです。おじいさんはきっとかぶが好きだからです。
C　最初にかぶを育てようとした人だから、抜けたら一番うれしいかなと思いました。おじいさんはここまで、大事に大事に育ててきたからおじいさんにしました。
C　最初に種をまいて大きくしようとしたから、かぶを抜きたくておばあさんたちと一緒に抜けたのでうれしいと思います。
T　一番をねずみと書いた人いますか。
(以下全員に1位の理由を聞いていく)

〈ワークシートの記述から〉
　1位に挙げた登場人物の結果は以下の表の通りである。(29人中)

登場人物	人
おじいさん	20
ねずみ	4
犬	2
ねこ	1
おばあさん	0
まご	0
未記入	2

〈おじいさんを1位にした理由〉
- かぶの種をまいて、かぶができたら抜こうとして本気で頑張ったから。動物の中で一番うれしかったのは、ねずみ。ねことねずみは敵同士なのに、ねずみは、ねこのことを怖がらずに一緒にかぶを引っ張ったから。
- おじいさんが、かぶの種をうめたから、その後みんなとかぶをスープに入れたり、サラダに入れたり色々な食材に入れてみんなで食べられるから。

　理由や根拠を挙げるとおじいさんについては、かぶを大事に育てたからとかみんなと一緒に食べたかったからなど、初めに種をまいた時の行動を根拠に関係づけながら読んでいる。

6. 実践の成果と今後の展望

(1) 成果
　本教材では、反復を効果的に活用して音読を中心とした授業展開の光景をよく見る。しかし今回、「判断」をうながす発問の「しかけ」を考えた授業実践を行うことにより、教科書を丸ごと読み、全体から部分、部分から全体へと俯瞰して読むことができた。そのことにより、学習者の思考が揺さぶられより深く考えていることが理由や根拠からわかった。例を挙げると、第4時の「最後にねずみを呼びに行く必要がありますか」の学習課題では、学習者の記述を見ると、
- 力が強い動物が来たら、強すぎてみんなをとばしてしまう。ライオンは近くにいないから家で飼っている動物でいい。強い力を持つ動

物たちを呼ぶとかぶが傷つくから強い動物はだめだと思う。

と書いてあるものがあった。力のある動物ではなく、家で飼っているような身近にいる動物を呼んでくることがよいとの考えである。登場人物の特徴を考えた時、家族的な温かさを感じ取りこのような表現をすることができたのであろう。このように登場人物全体の関係性を考えて読むことができたのも大きな成果である。

(2) 今後の展望

第5時の一番うれしかったのは誰でしょうか、のランキング作りは、それぞれの登場人物のかぶが抜けた時の行動から、読者（学習者）がどのように判断し考えるかである。

しかし、おじいさんを一番にした理由としては、最初に種をまいた人だからや大切に育てたからなどが多く書かれていた。もっと課題を焦点化すれば、違った反応になったと考えられる。

稿者は、翌年も1年生を担任したため、第5時の発問を改良し、「おおきなかぶがやっと抜けて一番役に立ったのはだれだったのでしょうか」との発問で授業展開を行った。

1位の登場人物の結果は、以下の表になる。(29人中)

登場人物	人
おじいさん	20
ねずみ	5
ねこ	2
おばあさん	1
まご	1
犬	0

おじいさんとねずみは、どちらの発問でも1位、2位となって、学習者にとっても注目する登場人物であることがわかる。

〈おじいさんを1位にした理由の記述〉

- おじいさんは、家族においしいかぶを食べさせてあげたかったから、優しい思いでかぶを育てたと思う。だから、おばあさんたちもそう感じて手伝ったのだと思う。

〈ねずみを1位にした理由の記述〉

- 小さくても力持ちだから、最後の力をだしてあきらめなかったから。

どちらにしても、「判断」をうながす「発問」でしかけたことにより、1年生でも理由や根拠を考えて表現できることが今回の実践での大きな収穫であった。このような「思考力・判断力・表現力」を鍛える発問づくりや、教材研究、国語科の授業づくりが今後の学力向上へと大きく繋がる手立てとなるであろう。

〔注〕

(1)(2) 香月正登編著、田川郡小学校国語教育研究会著『「問い」のある言語活動の展開』明治図書、2015年2月

実践のポイント 小学1年

「比較」「選択」「判断」をうながす

鹿児島県鹿児島市立玉江小学校長　坂元 裕人

1 「お手がみ」(沼田実践) について

　1年「お手がみ」(沼田実践)のキーワードは、「比較」「選択」であり、そこに判断の根拠・理由を求めるというものである。教師の側からすれば1年生にどこまで求めるのか、子どもの側からすればどこまでできるか、ということを含めての提案実践である。

　本時の授業展開(5/8時)の「手紙を頼むのは『かたつむりくん』か『とりくん』か」の学習は、実に興味深い。確かに、どちらも考えとしては「有り」であろうが、沼田氏が意図している「4日間という時間」に子どもたちが着目できるかという点もポイントの1つであろう。授業記録を読むと、最初の段階ではかたつむりくん派が14名、とりくん派が12名となっている。とりくん派の意見としては、「時間的な速さ」に着目している学習者が多く、一方、かたつむりくん派の中には「届くのが遅かったら楽しみにできるし、いつ来るかも楽しみでドキドキするから」という、4日間という時間に価値を見出した子どももいたと記述されている。そこで、「みんなは、この意見どう思う。こんな楽しみって分かる」という切り返しで問うことも、4日間という時間がいかに貴重なものであったかを考えさせるきっかけになったのではと考える。しかしながら、考えが変化した(とりくん派→かたつむりくん派)子どもが8名もいたことから、かたつむりくん派からかなり説得力のある意見がでたことは推察できる。ただ、8名の子どもたちがどのような考えに触れたことで、自分の考えが変わったのかを具体的に示すことができれば、変容のメカニズムが可視化でき、今後の実践にも生かすことができると考えるが、いかがであろうか。

　本実践の成果として、「学習者のつぶやきから『問い』が生まれる瞬間があった」との報告に着目したい。教師の範読後、「ああ、言っちゃった……」から生まれた「かえるくんはがまくんに手紙を出したことを言ってしまって本当によかったのか」や、「手紙を預ける相手はかたつむりくんで本当によかったのか」の授業終了後の「かえるくんが自分で渡しに行ってもよかったかも……」のつぶやきは、子どもらしい発想から出た発言で、このつぶやきを授業に取り入れ、生かしたところは沼田氏の日頃からの洞察力を評価したい。後半の3択(かたつむりくん、とりくん、かえるくん)も、ただ単に選択肢が増えたということではなく、子どもたちの思考を広げ、作品のテーマにも関わってくるような面白い実践が期待できそうである。

　今回の「比較」「選択」の実践の成果は、第7時、第8時の学習者の手紙にも反映されている。まずは、第7時の手紙のタイトルと発信者名に着目したい。

　　やさしいかえるくんへ　　　← きみのともだちがまがえるより
　　大しんゆうのかえるくんへ　← きみの大しんゆうのがまがえるより
　　やさしいかたつむりくんへ　← じつはよわむしのがまがえるより

　タイトルと発信者名を見るだけで、内容を予想し、面白く読むことができる。ここに、子どもたちの個性が溢れている。豊かな読みの一端を垣間見ることができる。また、沼田氏も記述して

いるとおり、『ふたりはともだち』シリーズで得た読書内容を付加している点でも読書生活との関連が子どもの内面で形成されており、素晴らしい実践であることの証であると評価できる。

2 「おおきなかぶ」（神野実践）について

　1年「おおきなかぶ」（神野実践）の実践記録を読みながら、これまでにない新鮮さを感じた。音読や動作化を取り入れて展開するパターンが多い中で、神野氏の実践は終始一貫して子どもたちに判断させ、根拠や理由を求めている。「登場人物に着目」し、「判断」をうながし、人物の心情に迫った授業の実際の「かぶをひっぱる順番」の発問については、子どもと教師のやりとりが興味深い。人間や動物を呼んでくる必要性について、子どもは「かぶが抜けないから」と、発言している。ここで、さらに「では、かぶの大きさはどれくらいあるのだろうね」という発問によって、一筋縄では抜けないかぶの大きさに思いを巡らせたい。だからこそ、多くの人間や動物の関わりの必要性を実感させたい。そうすることで、次の段階の「順序」へと導く流れが、子どもの思考からみても妥当ではなかろうか。

　さて、ちょっと気になるのが「順番」について、すべてを逆にした子どもの発言の取り扱いについてである。この発言を生かして、比較させることも面白いと考える。内田莉莎子訳と西郷竹彦訳を比較し、登場人物からかぶへ、かぶから登場人物へという視点の移動に気付かせることも可能であろう。すると、子どもたちの発言（「ねずみだって力があるからです」「ちょっとの力だからねずみだと思いました」「あと1センチ足りなかったから、ねずみの力が必要だったのだと思います」）がより説得力をもって、ねずみの存在がよりクローズアップされることにもつながるであろう。

　さて、第5時の改良発問「大きなかぶがやっと抜けて、一番役に立ったのはだれだったのでしょう」は、登場人物の役割を考えさせるのに効果的な発問である。この発問で、教師が注目させたいおじいさんとねずみという2人の人物像が浮かび上がってくる。子どもの発言からも「おじいさんは優しい思いでかぶを育てた。だから、おばあさんたちもそう感じて手伝ったのだと思う」「小さくても力持ちだから、最後の力をだしてあきらめなかったから」という2人の心情に十分迫っていることが伺える。

　神野氏の実践から学ぶことは、1年生段階でも十分判断をしかけとして、根拠や理由を引き出しながら読みを深めることが可能であるということである。通常、根拠はまず叙述を基本とするが、子どもたちの発言はそれを踏まえての発言であったり、行間からのもの、自分と教材との対話から出てきたものであり、楽しく大きなかぶの世界に浸っている様子が目に浮かぶようである。さらに、この実践を生かすとすれば、例えば「抜けた大きなかぶを、おじいさんはどうしたのだろうね」と問うことで続き話を考えながら、さらに「おおきなかぶ」の世界が広がっていくであろう。続き話づくりの際の視点としては「みんなの協力のすばらしさ・よさ」を引き出すことも肝要である。

小学2年　「きつねのおきゃくさま」（あまんきみこ）

「比較」を生かした刺激的な発問で読解する

山梨県忍野村立忍野小学校　髙橋　真理
山梨県富士吉田市立明見小学校　髙橋　達哉

1. 単元目標

- 叙述を根拠にして登場人物の心情とその変化を読み取るとともに、読み手をドキドキさせる作品のしかけについて考えることができる。

2. 学習者に「判断」をうながす発問の「しかけ」の工夫

(1)「比較」を生かした刺激的な発問を！

　作品を読み解くこと（分析の読み）、読み取ったことをもとに自分の考えをもつこと（解釈・評価の読み）とともに、それらが「楽しく」行えることを大切にしたい。つまり、読解に向かう「学習者の意欲」が重要であると考える。授業者が徹底した教材研究を行い、「これだ！」と思う学習活動や発問を考え、実践したとしても、その活動に魅力がなければ、学習者は"のって"こない。「人物の心情を直接問う発問」は、その代表的な例である。その作品の肝に迫る部分を見出し、読み取らせようと考えても、「このときの人物の気持ちは？」と問うのでは、読解は深まりを見せない。学習者が"のって"こなければ、学習者の思考は活発に働かない。

　「刺激的な発問」は学習者の意欲を喚起する発問の代表例である。そして、本書の大きなテーマにもなっている「判断をうながす発問」もまた、学習者が「考えてみたい」と意欲をもって思考することをうながす刺激的な発問である（本書理論編　長崎・坂元・大島論文参照）。本稿では教材研究を通して見えてきた「比較」の対象・観点・方法を生かした判断をうながす発問による授業を提案したい。「比較」は、授業を刺激的に変えるキーワードである。

(2) 人物に関する叙述を比較する活動（第2時）

[発問] きつねは《よいきつね》でしょうか。それとも、《わるいきつね》でしょうか。

　中心人物である「きつね」の二面性に気付かせるための発問である。「よいきつね／わるいきつね／どちらとも言えない」の3つの選択肢から選び、そう考えた理由を交流する。第1場面における「きつね」に関する叙述を引き出し、それらを比較して二面性をもつ人物像を読み取る。

(3) 心情別に心の大きさを比較する活動（第3～5時）

[発問] きつねの《よい心（こわい心）》の大きさは変わったでしょうか。

　各場面における「きつね」の2つの心情と、その変化を考えるための発問である。ここでも「大きくなった／変わらない／小さくなった」の選択肢を与え、理由を考えさせた。常に2つの心情をもちながら、物語の進行とともにそれらの大きさを変化させていく様子を、前の場面と比べることで読み取っていく手立てである。

(4) もとの作品と書き加えを行った作品とを比較する活動（第6時）

[発問] どちらの物語が好きですか。

　選択肢は、「あまんきみこさんの『きつねのおきゃくさま』」と、「2年2組がアレンジした『きつねのおきゃくさま』」の2つである。第3～5時では、それぞれの時間の最後に、「きつねのことば」を書き加える活動を行っている。単元の最後で、「どちらが好きか」という観点から、《原作》と《書き加えした作品》とを比較する活動を通し、原作のもつ、読者を惹きつけるしかけについて考えさせる評価の読みを行う。

3. 単元計画（全6時間）

第一次第1時　全文通読し、第4場面のきつねの思いを考える。
　　　　○おおかみと戦うきつねは、どんなことを思っていたのでしょうか。

第二次第2時 ●第1場面のきつねに関する叙述から、二面性をもつ人物像を読み取る。
　　　　○きつねはよいきつねでしょうか。それともわるいきつねでしょうか。
　　　　●場面における心情に合うように、きつねの言葉を書き加える。
　　　　○「まるまる太ってきたぜ」の後に、もうひとつきつねの言葉を入れるとしたら、どんな言葉を入れるか。

第3〜5時 ●心情別に心の大きさを比べ、第2〜4場面における心情とその変化を読み取る。（本時）
　　　　○きつねのよい心の大きさは変わったでしょうか。きつねのこわい心の大きさは変わったでしょうか。
　　　　●場面における心情に合うように、きつねの言葉を書き加える。

第三次第6時　もとの作品と書き加えを行ったものとの比較を通し、作品のもつ読者を惹きつけるしかけについて考える。

4. 本時の授業展開（3/6時）

(1) 本時の目標

- きつねの心情を読み取り、その変化について叙述を根拠に考えることができる。
- 場面における心情に合わせて、きつねの言葉を考え、表現することができる。

(2) 本時の授業づくりのポイント

①「比較の対象」を見出す教材研究

授業に「比較」を取り入れるために、まずは「比較の対象」を考える必要がある。「何」と「何」とを比較するかということである。

本教材の中心人物である「きつね」の心情に関する叙述を抽出し、場面ごとに整理すると以下の表のようにまとめられる。

第1場面	心情A	・生まれてはじめて「やさしい」なんて言われたので、少しぼうっとなった。 ・ぼうっとなった。
	はAまたB	・ぶるるとみぶるいした。 ・それはやさしく食べさせた。
	心情B	・太らせてから食べようと。 ・心の中でにやりとわらった。 ・ひよこは、まるまる太ってきたぜ。
第2場面	心情A	・うっとりした。 ・「親切なきつね」ということばを、5回もつぶやいたとさ。 ・ぼうっとなった。
	はAまたB	・いそいでうちに帰ると、まっていた。 ・それは親切だった。
	心情B	・はあん。にげる気かな。 ・あひるも、まるまる太ってきたぜ。
第3場面	心情A	・うっとりして、気絶しそうになったとさ。 ・ぼうっとなった。
	はAまたB	・かみさまみたいにそだてた。
	心情B	・はあん。にげる気かな。 ・うさぎも、まるまる太ってきたぜ。
第4場面	心情A	・「いや、まだいるぞ。きつねがいるぞ。」 ・言うなり、きつねはとびだした。 ・勇気が、りんりんとわいた。 ・たたかったとも、たたかったとも。 ・じつに、じつに、いさましかったぜ。
	はAまたB	・はずかしそうにわらってしんだ。
	心情B	該当なし

整理する中で、「比較の対象」となり得る2つの心情が見えてくる。心情Aは、「ひよこ」「あひる」「うさぎ」から寄せられる信頼と感謝によって生まれた（作品冒頭部ではもちあわせていなかった）恍惚感や、（すこしおおげさかもしれないが）彼らを守り育もうとする保護者的な感情であるととらえられる。心情Bは、「きつね」本来の獣性と言えるような3匹への餌としての認識、「太らせてから食べよう」とする魂胆を表すものである。心情AまたはBと位置付けた叙述は、読み手によって解釈やとらえ方が分かれるところ

であると考える。

②「比較の観点」を見出す教材研究

次に、「比較の観点」を設定する。「何を基準として比較するか」ということである。

心情Aは、「ぽうっとなった（第1場面）→うっとりした（第2場面）→うっとりして気絶しそうになった（第3場面）」という叙述の変化や、「勇気がりんりんと」湧き、命を顧みずにおおかみと戦ったこと（第4場面）等から、その大きさが増していると読み取ることができる。一方で心情Bを見ると、第1場面から第3場面まで共通した叙述を見出すことができる。「まるまる太ってきたぜ」の部分である。その他に、第2、第3場面においては「はあん。にげる気だな」が共通している。つまり心情Bは、《叙述に変化がないこと》を根拠とした場合、第1場面から第3場面にかけて、その大きさが変化していないともとらえられる。心情Aを「善」とする立場をとった場合、「善」の心が増大すれば、「悪」の心である心情Bは小さくなっていくと考えたくなるものだが、作品の叙述は、「悪」の心が第3場面まで変化なく保たれていることを物語っているかのようである。

叙述をもとに心情の変容を見てきたことで、心情の「大きさ」を「比較の観点」とすることができると考えた。各場面における心情AとBの「大きさ」を比べる、また心情A、Bそれぞれの場面ごとの「大きさ」を比べるということである。

③「比較」を生かした授業構想（「比較の方法」）

見出した「比較の対象」「比較の観点」を授業化するにあたっては、教材のもつ他の特性とからませて考える必要がある。

人物の心情にいくつかの要素が認められる場合、よく目にするのが「心の中を色で表す」という学習活動で、ハートマークのイラストを1つ与え、「どの心情がどの程度占めているか」を赤や青の色によって表現させるものがある。しかし本教材における中心人物の心情は、先にも述べたとおり、一方の心情が大きくなった分、もう一方の心情が小さくなるという性質のものではない。このことに関して、『文学の力×教材の力　小学校編2年』（教育出版）における鷺只雄の論考から以下に引用したい。

> キツネは二重人格者であって、一方で保護者であり、他方では屠殺者の目をもっていることを隠さない。

きつねの2つの「人格」を「心情」として捉え、その変容を考えるにあたっては、一方がもう一方の大きさに影響を及ぼす相互関連的なものとしてではなく、それぞれが独立して大きさを変化させていくものとして考えていく必要があると考えた。

本時では、以上①から③の教材研究をもとに、それぞれの心情の変容をその心情ごとに読み取っていくことができるよう、「心情別に心の大きさを比較する活動」を行った。

(3) 展開

主な学習活動	学習活動の具体
1　前時の振り返りと本時の課題の確認 2　心情別に心の大きさを比べ、第2場面における心情とその変化を読み取る。 3　場面における心情に合うように、書き加える「きつねのことば」を考える。 4　考えを交流し、第2場面にふさわしい「きつねのことば」を選び、作品に書き加える。	・きつねの「よい心」と「こわい心」の大きさの変化について考え、ワークシートに記入する。 ・「きつねのよい（こわい）心の窓」を黒板に掲示し、叙述をもとに、それぞれの心の大きさを話し合う。 ・考えた「きつねのことば」を交流し、第2場面における2つの心の大きさにふさわしいものを話し合い、決定した「きつねのことば」を書き加える。

(4) 板書計画

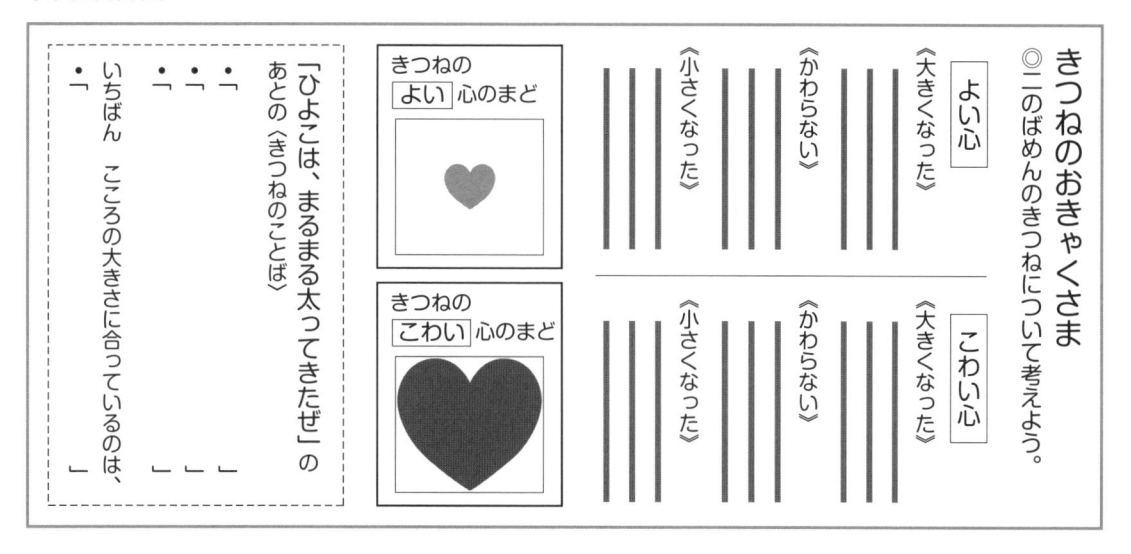

（板書計画の図）

きつねのおきゃくさま
◎ 二ばめんのきつねについて考えよう。

よい心	こわい心
《大きくなった》	《大きくなった》
《かわらない》	《かわらない》
《小さくなった》	《小さくなった》

きつねの よい 心のまど（ハートの図）
きつねの こわい 心のまど（ハートの図）

「ひよこは、まるまる太ってきたぜ」のあとの《きつねのことば》
「　　　」
「　　　」
「　　　」
・いちばん こころの大きさに合っているのは、
・
・

5. 心情を直接問わない授業の実際

(1) 第2時「きつねはよいきつねでしょうか。それともわるいきつねでしょうか」

　きつねの2つの心情の変容を心情ごとに読み取っていく出発点となる第2時では第1場面を扱い、まず「きつねはよいきつねでしょうか。それともわるいきつねでしょうか」と問いかけることで、きつねの二面性に気付かせようと考えた。ワークシートを配付し、「よいきつね／わるいきつね／どちらとも言えない」の3つの選択肢から選ばせ、そう考えた理由を書かせた。

《よいきつね》を選択（2名）
- ひよこがこまっていて、それをひきうけてくれているから。それと、ひよこがやさしいおにいちゃんとよんでいるから。

《どちらとも言えない》を選択（11名）
- がぶりとやろうと思ったがやせているので考えたとも書いてあるし、きつねはひよこにやさしく食べさせたとも書いてあるから。
- ひよこにやさしいと言われてうれしそうだから、ちょっとはきずつけたくない気もちもあるかなと思いました。

《わるいきつね》を選択（12名）
- おうちに行かせてくれるばめんもあるけど、それは、太らせるために行かせてくれただけで、そのあとは食べようとしているからです。
- ひよこはまるまる太ってきたぜと書いてあるからです。
- 「おれのうちにきなよ」とか、きつねはこころの中でにやりとわらったと書いてあるから、ぜんぶだましているかもしれないからです。

　意見を交流し、立場ごとの理由を板書で整理する中で、「きつねには2つの心がありそうだ」という考えを共有した。そして、きつねの心が見える窓の中に心の大きさを表現するという、第1場面における2つの心情の大きさを考える活動へと展開していった。以下は、その部分の板書である。

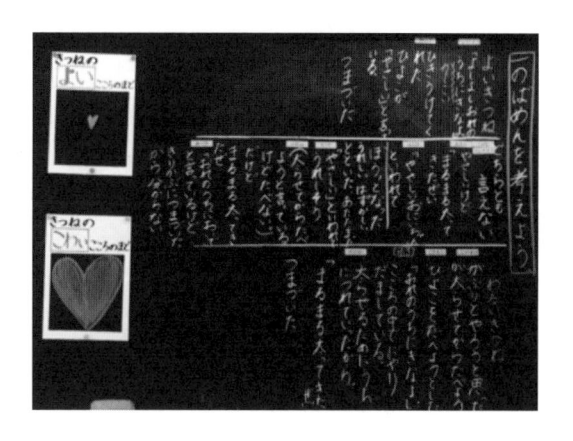

活動に入る前に、「きつねの２つの心は、『よい心と悪い心』でいいかな」と投げかけ、きつねにとって動物を食べることは生きていく上で必要なことであることから、「よい心とこわい心」とするほうが適切であることを確認した。児童たちは、この場面のきつねの「よい心」は、「ゼロではないが限りなく小さい」と主張し、「こわい心」は「窓いっぱいに大きい」と表現し、前頁板書計画のように２つの心の大きさを決めた。

(2) 第３時「きつねの《よい心（こわい心）》の大きさは変わったでしょうか」

第２場面におけるきつねの「よい心」と「こわい心」について、第１場面と心情別に比較をして、大きさの変容を考えることが本時の目的である。

①きつねの《よい心》の大きさは変わったか

T　それでは、意見を発表してもらいます。
C　ぼくは、大きくなったと思います。ひよこの言葉をかげで聞いて「うっとりした」のところが、きつねの心の中をあたたかくしてやさしい心を大きくしたと思います。
C　わたしも大きくなったと思います。教科書に２つよい心の言葉があったからです。１つ目は「それは親切だった」と、２つ目は「ぽうっとなった」と書いてあるからです。
T　ただの「親切だった」と、「"それは"親切だった」は違うのかな。
C　それはそれは親切だったっていうことだから、ただの親切よりも、もっと親切だったということだと思う。
C　（つぶやき）「それは親切だった」は、食べようとしてるからこわい心だと思う……。
T　なるほど、この言葉はこわい心を表す言葉かもしれないんだね。
C　「やさしいおにいちゃん」から、「親切なおにいちゃん」に変わったから、大きくなったと思います。
C　わたしも同じで、やさしいより親切の方がいい言葉だと思うから、もっともっとやさしくされたんだと思う。

「大きくなった／変わらない／小さくなった」の選択肢から、半数の児童が「大きくなった」を選んだ一方で、あと半数の児童が「変わらない」を選んだ。その理由として多くの児童が挙げたのが、「『まるまる太ってきたぜ』と同じ言葉が出てくるから」というものであった。これは、次に話し合った「こわい心の大きさの変化」にも関わる点である。

②きつねの《こわい心》の大きさは変わったか

C　大きくなったと思います。理由は、２匹をがぶりとやろうと思っているからです。
C　わたしも同じで、ひよことあひるをきつねがだましているからです。
T　ひよこだけじゃなく、今度はあひるも食べようとしているからということですね。
C　小さくなったと思います。親切なおにいちゃんと言われて、いい心が大きくなったから、こわい心は小さくなったと思います。
C　ぼくは、変わっていないと思う。理由は「ひよこはまるまる太ってきたぜ」と「あひるもまるまる太ってきたぜ」と同じ言葉を使っているから変わらないと思いました。
C　わたしも１の場面と２の場面は、だいたい同じ言葉を言っていると思いました。「はあん、にげる気かな」と言ったり、「まるまる太ってきたぜ」という言葉があるからです。

意見の交流後、この時間においてもきつねの「よい心の窓」と「こわい心の窓」を黒板に貼り、それぞれの心の大きさを話し合った。児童たちは、「やさしい→親切」の言葉の変化や、「うっとりした」の表現などから、「よい心」については第１場面に比べて大きくなったとし、「こわい心」については、第１場面と同じ「まるまる太ってきたぜ」の叙述があることから、「ひよこたちを食べようというこわい心に変化はない」と結論付けた。

第４時においても、第３時と同様の授業展開を行い、２つの心情の大きさの変化についても、第３時と同じ結論に至っている。

(3) 第6時　もとの作品と書き加えを行った作品とを比較する活動

　第2時から第5時までの各時間の最後に、一貫して行ってきた活動がある。その場面のきつねの2つの心の大きさにふさわしい1文を加える活動である。各場面において児童たちが話し合いを経て決定した心の大きさと、それに対応するよう書き加えを行った内容は次の通りである。

第1場面
《2つの心の大きさ》

《書き加えた文》
（ひよこは、まるまる太ってきたぜ。の後に）
「ニッヒッヒ、早く食べたいなぁ。でも、もっといいことを言ってもらいたい気もちもあるぜ。」

第2場面
《2つの心の大きさ》

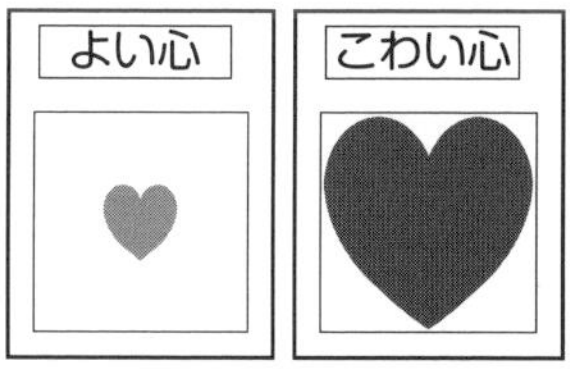

《書き加えた文》
（あひるも、まるまる太ってきたぜ。の後に）
「そだてるのもいいなぁ。でも、食べたいなぁ。」

第3場面
《2つの心の大きさ》

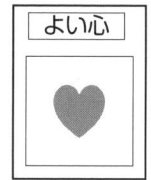

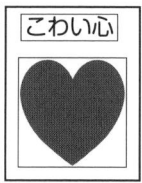

《書き加えた文》
（うさぎも、まるまる太ってきたぜ。の後に）
「3びきまとめてがぶりとやろうかなぁ。でもやさしい言葉も言ってくれたしなぁ。」

第4場面
《2つの心の大きさ》

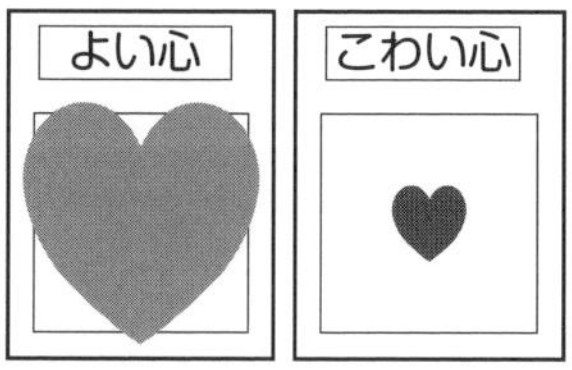

《書き加えた文》
（はずかしそうにわらってしんだ。の後に）
「ひよこ、あひる、うさぎ、幸せにくらせよ。」

　第6時では、「どちらの物語が好きですか」と発問し、①書き込み前の教材文と②書き込み後の教材文とを比べて考えさせた。25名中18名が、「自分たちで付け足した所がいいから」「きつねの考えていることがよくわかるから」という理由で②を選んだのに対し、7名が①を選択している。

《書き込み前の教材文が好きな理由》

- すきなりゆうは、読んでいて、2年2組がアレンジしたのだと、もうきつねの気もちがわかってしまって、書いていないほうがどきどきするからです。あと、じぶんでそうぞうしたほうが楽しいと思うからです。

- りゆうは、あまんきみこさんの書いた文の方がきょうみがもてるからです。じぶんたちの文だと、もうきつねがおもっていることがわかってしまうけど、もとの文だとはじめて読んだ人は、「ん？　きつねの気もちが書いていないぞ、しらべよう」ってなるから、読んでいてたのしいと思いました。

　上記2名の児童たちは、作品のもつ読者を最後までひきつける特長に気づくことができている。このような理由づけを行った児童は少数にとどまったため、発問の仕方には課題が残るが、第2学年段階における「作品を評価する読み」への可能性を見出すことができた実践であったと考える。

7. 実践の成果と今後の展望

　「比較」をキーワードに教材研究を行ったことで、「場面内で比べる」「場面間で比べる」「自分の考えと友だちの考えを比べる」「原作とアレンジした作品を比べる」など、様々な「比較」を通して読解を進める授業づくりとなった。考えをまとめたり話し合ったりする際に、根拠となる叙述を必死で探す姿が見られたことからも、本実践で行った判断をうながす発問が、子どもたちの意欲と思考を刺激するものであったのではないかと考えている。今後も、教材の特性をもとに、「比較」をキーワードにした授業、子どもが"のって"くる授業を創っていきたい。

小学2年　「かさこじぞう」（岩崎京子）

「明暗スケール」で場面の変化を解釈する

立教小学校　安達　真理子

1. 単元目標

- 登場人物の行動に着目して場面の様子を読み、心情に迫ることができる。
- 他の「かさじぞう」作品と比較して、「かさこじぞう」（岩崎京子・再話）の良さを表現することができる。

2. 学習者に「判断」をうながす発問の「しかけ」の工夫

(1) 「解釈」「論理」「評価」の問い

文学の授業においては、3つの要素の「問い」が必要だと考える。まず、場面の変化など全体像をとらえるための「解釈」を引き出す問い。次に、登場人物の行動と人物像など、部分と全体とを関連づけるための「論理」を読み解く問い。3つ目に、叙述の仕方など作品としての価値を探るための「評価」を求める問い。これらを、すべて「判断」をうながす発問によってしかける。

(2) 解釈を引き出す問い
　　～「明暗スケール」で表そう～

「かさこじぞう」は、じいさまとばあさまの「餅こも買えない」貧しさの設定から、「良いお正月が迎えられた」幸せな結末まで、5場面で構成されている。第1～5場面をそれぞれ1～10の「明暗スケール」に色で表現させ、その理由を書かせる。「明るい」がいくつ分、「暗い」がいくつ分かを判断し、その根拠は何かを考えることで、描かれている出来事と登場人物の心情を重ね合わせて、それぞれの場面を解釈することができる。

(3) 論理を読み解く問い
　　～だれが一番優しいだろう～

じいさま／ばあさま／じぞうさまには、3者3様の優しさがある。その優しさの質を比べるために、「だれが一番優しいか」と問う。当然、1位・2位……を決めることが目的ではない。登場人物の行動を評価し、人物像を明確化させるためのしかけである。「ばあさまだと思う。なぜかというと……したから」など、行動を論理付けるきっかけにする。

　～どう読んだら良いだろう～

まず、どの会話文を音読したいか（どの台詞が好きか）を判断させ、その理由を交流させる。台詞に表れるじいさま・ばあさまの優しい人柄やその心情についての「読み」を引き出すことになり、会話文と人物像を関係付けて読むことができる。読み合ったことを生かして音読し、さらにそれを評価し合うことができる。

(4) 評価を求める問い
　　～「餅つきのまね事」場面は無くても良いか～

「餅つきのまね事」（第4場面の最後）は、ストーリー展開上は無くても筋が通る。しかし、他の再話にはあまり例がないこの場面は、岩崎京子再話の特徴であり、じいさま・ばあさまの「貧しいながらも陽気にたくましく生きる姿」を微笑ましく描き出し、作品の叙情性を深める役割を果たしている。そこで、要不要を問い、存在意義を考え合うことで、この場面の再評価をうながしたい。

3. 人物の心情を直接問わない文学の授業の単元計画（全11時間）

第一次第1時　「このお話は～だな。なぜかというと……」「○が△によって（△して）□になる話」で感想をまとめよう。

　　　第2時　第1～5場面を明暗スケールで表そう。（明るいのはなぜ？　暗いのはな

ぜ？）(本時)

第二次第3時 だれが一番優しいだろう。それはなぜ？（優しさを感じるのはどこから？）

第4時 どう読んだら良いだろう（音読の工夫）。第3場面のじいさまの会話文から好きな言葉を選んで、工夫して読もう。

第5時 どう読んだら良いだろう（音読の工夫）。第4場面のばあさまの会話文から好きな言葉を選んで、工夫して読もう。

第6時 餅つきのまね事場面は無くても良い？ あった方が良い？ それはなぜ？

第7時 なぜ餅つきのまね事をしたのだろう。
- 元気がわいてきて楽しくなったから
- 元気を出そうと思ったから
- その他（　　　　　　　　　　）

第8時 瀬田貞二再話「かさじぞう」と岩崎京子再話「かさこじぞう」とを比べて読もう。（瀬田再話「かさじぞう」を聞きながら違いを見つけよう）

第三次第9・10時 「かさこじぞう」紹介ポスターを作ろう。（岩崎京子再話「かさこじぞう」の良さを表現しよう）

第11時 作品を交流しよう（ポスター品評会）。「お気に入りは、〇〇くんのポスター。なぜかというと……」で評価し合おう。

4. 本時の授業展開（2/11時）

(1) 本時の目標
- 明るさと暗さを色で表すことによって、場面の変化をとらえることができる。
- 叙述から根拠を引き出し、理由付けをして、考えを述べることができる。

(2) 本時の授業づくりのポイント
◇ワークシートの活用

第1時において、「このお話は～だな。なぜかというと……から」で感想を表し、「〇が△によって（△して）□になるお話」で全体をまとめた。従って、中心人物の変容とそのきっかけなどの全体像については、既に大まかにとらえられている。

第2時である本時は、場面分けをした後、読み手が感じる印象の明暗が、どの場面に強く表れているかを判断し、色で表現する。子どもたちには、明るいと思う色の色鉛筆1本（黄色など）と、暗いと思う色の色鉛筆1本（黒など）を用意させて、10のスケールのうち、「明」「暗」がそれぞれいくつ分か（例：「明」8－「暗」2）、色分けさせる。

使用したワークシートは、下図のとおりである。

登場人物の心情を重ね合わせて場面の変化をとらえ、色で表現させる活動により、できあがったワークシートから、ひとりひとりの解釈を一目で見て取ることができる。そして、理由を明確にさせることで、作品構造や登場人物の行動を論理的

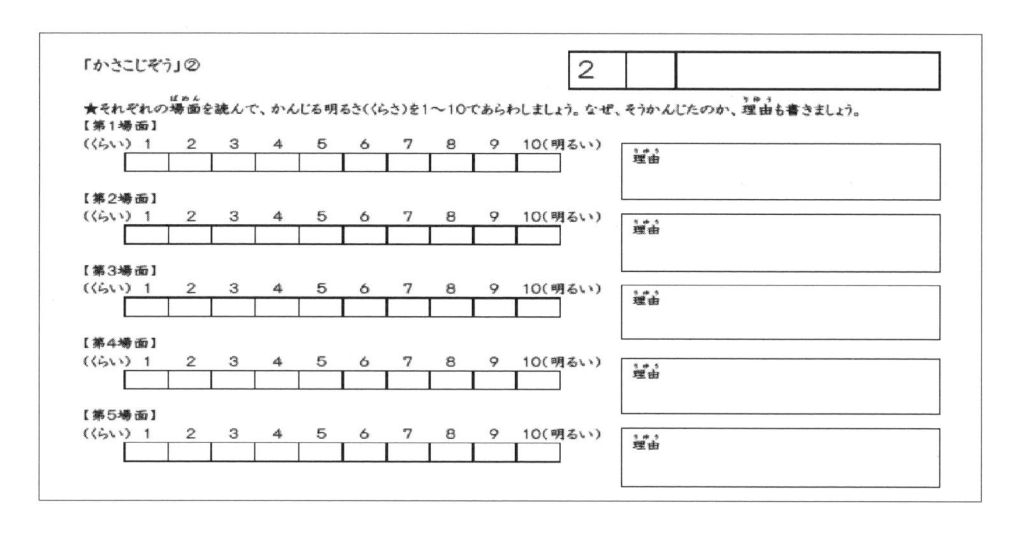

◇明暗の対比

「かさこじぞう」において、暗さの源は「お正月も迎えられないほどの貧しさ」にあり、その厳しさや切なさ、辛さが感じられる場面に、暗い色が塗られるだろう。それに対して、明るい色は、「良いお正月が迎えられた」幸福の結末で、ほぼ間違いなく塗られる。その他には恐らく、じいさま・ばあさまの心の優しさや豊かさが描かれている場面が挙げられるだろう。貧しい中でも、心温まる言葉を交わし、人間味あふれる行動を取る夫婦の姿に、読者は安心するからである。

この作品は、生活の貧しさ（暗）と心の豊かさ（明）が対比されているため、どの場面において明暗がしのぎ合うか、ひとりひとりがそれをどう解釈するかが、授業の核となる。ここで生じるズレこそが、貴重な学びの機会となるのである。

◇ズレを生かす工夫

ズレを生かす上では、教師の予想が重要である。前半で「暗」が強くなる傾向と、第5場面での100パーセント「明」は考えられるが、果たして、どの場面で大きなズレが生じるだろうか。それは、第4場面だと予想した。理由は、結局のところ餅こも買えずに漬け菜かみかみ休むしかない夫婦の辛さと、ばあさまがじいさまを優しく迎え入れ、餅つきのまね事をして過ごした夫婦の陽気さをどう読むか、評価の分かれるところだからである。ワークシートの結果を交流させる際に、この第4場面に絞って話し合いをすることにした。

(3) 展開

主な学習活動	指導上の留意点
1　場面分けをする。（第1〜5場面）【10分】	・「場所」「時」が変わるところを探すようにうながす。
2　ワークシートに明暗の色分けとその理由を書き込む。【25分】	・明るい色の色鉛筆1本、暗い色の色鉛筆1本を用意して、場面の印象に合わせて色分けさせる。理由は短く簡潔で良い。
3　ワークシートを交流する。【10分】（＊意見交流の時間が不足したため、次時の冒頭でも続ける）	・まず、第4場面を全部明るい色に塗った子と、全部暗い色に塗った子に理由を聞き、それに対する意見を出し合う。その後「明5・暗5」など中間にした子の意見を焦点化させて論点を絞る。（＊次時：全員のワークシートを集めて集計・分析しておき、人数の結果を基にして更に深く根拠を引き出し、話し合う）

(4) 板書計画

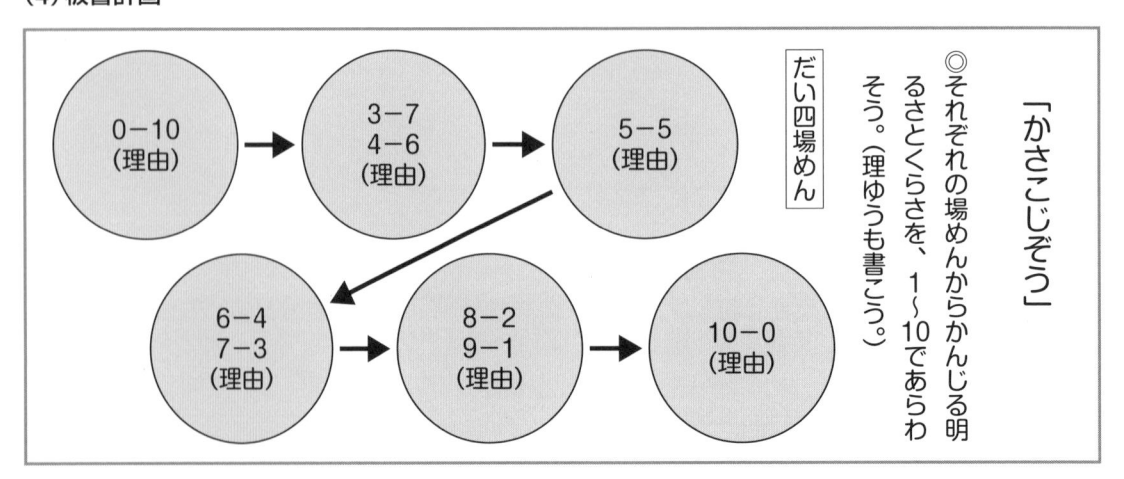

「かさこじぞう」

◎それぞれの場めんからかんじる明るさとくらさを、1〜10であらわそう。（理ゆうも書こう。）

だい四場めん

0-10（理由） → 3-7 4-6（理由） → 5-5（理由）

6-4 7-3（理由） → 8-2 9-1（理由） → 10-0（理由）

5. 明暗スケールで「判断」をうながし、場面の変化を解釈した授業の実際

(1) 明暗スケールで表した結果（第1・2・3・5場面）

　第1場面は、「明」が1〜5、「暗」が5〜9にほとんどの子が入り、最も多い例が「明3-暗7」であった。「貧乏で何もないけれど、すげを見つけてかさこを作って売ることにしたから」が主な理由である。辛さと希望が入り交じっている。

　第2場面は、第1場面よりも「明」が下がり、ほとんどの子が「明」は0〜3、「暗」が7〜10。「明0-暗10」は11名いた。「市場でだれにも振り向いてもらえなかったから」「かさこが1つも売れなかったから」などが理由である。完全な「暗」にしなかった子は、かさこが売れずにがっかりした中にも、「年越しの日に、かさこなんか買うもんは、おらんのじゃろ」という、じいさまののどかな言葉があり、救いになっていると感じたようである。じいさまの人柄の影響であろう。

　第3場面は、「明」が3〜6と増え、中には10にした子もいた。「じぞうさまにかさこをかぶせてあげたから」が理由だが、「かぶせたから安心して、元気を取り戻したから」「いいことをしたから、心がすっきりしたから」「『これでええ、これでええ』で、じいさまの気持ちが少し明るくなったから」など、じいさまの心情を分析し、かさこをかぶせたことの意味付けをして書く子も現れた。

　第4場面は、予想通り、顕著に違いが表れたので、(2)で詳しく考察する。

　第5場面は、「明10」に全員が一致した。理由には、「おくりものを届けてくれたから」「お餅やほしいもの（お正月に必要なもの）がもらえたから」「良いお正月を迎えることができたから」などと書かれていた。「お金持ちになったから」と書いた子に対しては、「良いお正月が迎えられただけで、お金持ちになったかどうかは書いてないよ」と反論された。岩崎再話では、その通りである。

(2) 第4場面の結果分析〈39名中3名欠席・合計36名分〉

明-暗	人数	主な理由
10-0	3	ばあさまにいいことをしたと言われたから
9-1	6	ばあさまが嫌な顔一つしないで喜んだから
8-2	1	ふたりが楽しそうだから
7-3	7	餅こを買えなかったけどまねをして楽しんだから
6-4	7	餅つきのまねをしてちょっとうれしくなったから
5-5	5	餅つきのまね事をしたから
4-6	1	ふたりで歌ったから
3-7	1	ちょっと不安だったけどうれしかったから
2-8	0	（なし）
1-9	0	（なし）
0-10	5	何にもない年越しになってしまうから

　教師の予想通り、最も顕著な違いが出たのは、第4場面であった。ここは、じいさまが餅こを買えずに帰ってから、夫婦が漬け菜かみかみお湯を飲んで休むまでの場面である。

　半々の「明5-暗5」が5名、それ以上に「明」が多い（「明」6〜10-「暗」4〜0）のは、合計24名。「暗」の方が多いのは7名である。

　それぞれの解釈を見ると、「明」が強い子たちの多くは、「ばあさまにほめられたから」という内容を書いており、「ばあさまが嫌な顔一つせずにじいさまの行いを受け入れたことで、明るさが高まった」ととらえている。「じいさまは、ばあさまにかさこをかぶせたことを言えたから、明るくなった」とじいさまの心情に寄り添う子や、「じいさまが帰ってきたから」と、じいさまが無事帰宅できたことを、ばあさまに寄り添って喜ぶ子もいた。夫婦が互いを思い合う姿が読み取れている。

続いて「明」が多かった理由は、「餅つきのまね事をしたから」(9名)である。「餅こは無いけれど、餅つきのまね事をしたので明るくなった」と受け取っている。この場面の存在は岩崎再話の特徴であるが、作品が醸し出す温かさ・叙情性に大きく影響していることが見て取れる。

　全部を「暗」に塗った5名は、「餅こなしの年越しだから」「お正月様が来ないから」という客観的事実に同情して、それを理由にしていた。しかし、その後の意見交流で、友だちの意見に影響されて、こんなに辛い状況の中でも、じいさまとばあさまは明るくたくましく過ごしたことに気付き、考えを変えていった。

(3) 教材の論理との関連

　今回の「明暗スケール」は、第4場面に顕著な相違が見られたが、それは、教材の持つ論理に関わりがある。かさこが売れずに帰ってきたじいさまをばあさまが優しく迎え入れ、餅つきのまね事をして寝たこの第4場面には、岩崎京子再話「かさこじぞう」特有の論理が存在しているのである。

　「笠地蔵」は、東北から九州まで広範囲にわたって伝承される最も有名な民話の1つで、様々な再話があり、数多くの絵本や民話集が存在している。その多くに、じいさまを優しく迎え入れるばあさまの姿が描かれている。しかし、餅つきのまね事をする場面が挿入されているものは、ほとんどない。この場面は、児童文学者・岩崎京子が、「貧しいながらも、明るくたくましく、互いに助け合って生きる」夫婦の姿として強調し、優しさの本質を叙情性豊かに描き出そうとして挿入した場面だと、推察することができる。

　従って、かさこが売れずお正月を迎える準備ができなかったじいさまとばあさまが、自らを景気づけるために、または、餅この代わりのお正月様への捧げ物として「これで堪忍してください」との思いを表すために、餅つきのまね事をしたと解釈することができる。つまり、この場面から庶民の陽気さやたくましさを読み取ることができるのは、教材の持つ論理からすると当然の道理だが、意外と見落としがちな部分でもある。そういう意味では、じいさまとばあさまの行動を根拠として、場面の様子を的確に解釈することができた子どもたちに、拍手を送りたい。

(4) ズレを生かした意見交流

　意見交流を行う際には、まず初めに、全部明るい色にした3名に考えを聞く。この子たちは、単純明快に、ばあさまに受け入れられ、褒められたおかげで明るくなったととらえている。じいさまが安心した気持ちが印象深いらしく、どちらかといえば、じいさまに同化した読みをした子たちである。学級での話し合いのきっかけとして、大変わかりやすい考えでもある。

　次に、真逆に位置する、全部暗い色で塗った5名の意見を聞く。「何もない、餅こなしの年越しだから」という、じいさま・ばあさまが置かれている客観的状況のみに心が奪われている子たちである。これに対しては、すぐに、「えー、だけど、じいさまは、ばあさまにほめられてうれしくなったんだよ」「じいさまとばあさまは、楽しく過ごしてたんだよ」「だって、笑いながら餅つきのまね事をしたじゃないか」と、次々に反論が生まれる。

　こうして、発言につながりが生まれるようになると、ここから先は、教師の先導が必要なくなる。「確かに餅こは買えなくて、何もない年越しだけれど、じいさまとばあさまは自分たちを元気づけるために餅つきのまね事をしたんだよ」など、中間層の子たちが、じいさま・ばあさまの複雑な心情を語り始めたからである。

　今回は、色分けして表すことをきっかけとして、場面の様子を想像し、登場人物の心情に寄り添うことができる話し合いへと発展させられた。じいさまとばあさまは「貧しくて辛い」としか読めていなかった子たちも、交流を通して「貧しくても、互いを思いやり、励まし合って、明るくたくましく生きている」人物像を読み取ることができた。

　このように、話し合いを通して刺激し合い、影

響し合って、互いに読みを深めていくことができる。場面ごとの「明暗スケール」では、第4場面の解釈にズレが現れたため、それを拮抗させるようにしかけて、意見交流が有意義なものとなった。

6. 実践の成果と今後の展望

(1)「判断」をうながす発問について

「判断」をうながす発問では、全員が参加しやすい環境が作られる。「正解」と思われるような答えが隠れているような発問ではないため、子どもたちは「問い」に対して応え易い（「答え易い」ではなく「応え易い」のである）。そこから思考が動き出し、活性化する。自分で「判断」したことは、自分なりの「読み」の結果であるから、根拠に基づいて、理由や意見を述べ易い。本実践においても、実際にそのような学習が成立したので、有効性を証明することができたと言える。

本単元では、「解釈を引き出す問い」として「『明暗スケール』で表そう」【第2時】、「論理を読み解く問い」として「だれが一番優しいだろう」【第3時】と「どう読んだら良いだろう（音読の工夫）」【第4・5時】、「評価を求める問い」として「餅つきのまね事場面はなくても良い？」【第6時】を設定し、すべて「判断」をうながす発問とした。中でも、本稿で中心的に取り上げている「『明暗スケール』で表そう」は、「読み広げる」ための発問であるため、特に自由度が高く、解釈の幅が広がり、興味深い結果が得られた。

しかし、重要なのは、その後である。しかけた後に、そこから生まれたズレをどのように生かし、どのような学びとして活用するのかである。

(2) 意見交流のポイント

ズレを生かして意見交流を活性化させるには、極端な意見や少数派の意見を先に採り上げることが、ポイントである。この子たちの考えには、素直な読み方が見られ、非常に単純明快であるので、話し合いのきっかけとしてわかり易い。

次に、真逆の意見を出してもらい、反論したいという欲求を引き出し、参加意欲を高めていく。

ここから生じるズレは、論点を焦点化させるための重要な鍵となるので、軌道に乗せることができると、有効に働く。

だが、本実践には課題も残った。本稿においてはあまり触れていない「餅つきのまね事場面はなくても良い？」【第6時】に対しては、意見交流の際にあまり深まりが見られなかった。「なくても良い」は4名で、「なくてもお話はつながるから」が主な理由。「あった方が良い」が35名で、「この場面がないと明るさが足りなくなるから」が理由であった。しかし、それらの意見が出た後、なかなかつながりが生まれないまま終わった。

考えられる要因として、まず、2年生は作品を俯瞰する読みにまだ不慣れで、難度が高かったと思われる。また、「餅つきのまね事」という行為の様子が想像できない子もいたようで、同じ土俵に立った話し合いとは言えない状況であった。翌日【第7時】で、「じいさまとばあさまはなぜ餅つきのまね事をしたのかな？」と同化の読みに切り替え、餅つきのまね事を全員で動作化して体感し、理解を深める工夫をして、前時の不足を補った。

「判断」をうながす際には、子どもたちの実態を十分に理解し、有意義な意見交流ができる発問であるかを、よく吟味しなければならない。

(3) 今後の展望

発問の質によって、授業の質が決まると言っても過言ではない。「判断」をうながして意見交流を行い、その行き着く先にどのような「読み深め」と帰着点が見出せるか、そこまでを見通した発問を考えなければならない。

「『明暗スケール』で表そう」では、場面解釈をきっかけとして、じいさまとばあさまの心情に迫り、人物像をとらえるところまで行き着いて、後半の授業にも大いに役立った。だが、いつもそううまくいくとは限らない。

教材の持つ論理と子どもたちの思考の流れとを重ね合わせてイメージし、「解釈」「論理」「評価」をバランス良く取り入れた発問づくり・授業づくりに励みたい。

実践のポイント 小学2年

「刺激的な発問」「明暗スケール」で解釈させる

鹿児島県鹿児島市立玉江小学校長　坂元　裕人

1　「きつねのおきゃくさま」（髙橋（真）・髙橋（達）実践）について

　「きつねのおきゃくさま」（髙橋（真）・髙橋（達）実践）は、様々な「比較」のバリエーションを準備し、徹底してこだわり、子どもの意欲と思考を刺激する実践を展開している。本実践の特色としては、まず緻密な教材研究を挙げることができる。特に「何」と「何」とを比較させるかというところにポイントを置いている。そのために、きつねの心情に関する叙述を場面ごとに整理し、一覧表にまとめている。心情について、以下の3つに分類している。

　　心情A……ひよこ、あひる、うさぎから寄せられる信頼と感謝による恍惚感、保護者的な感情
　　心情B……きつね本来の獣性、魂胆
　　心情AまたはB……解釈やとらえ方が分かれるところ

　このように、指導者がしっかりと根拠を押さえておくことで、授業展開において子どもたちからどんな考えが出てきても柔軟かつ的確に対応できると考える。
　具体的に授業内容に触れると、「きつねの『よい心』と『こわい心』の大きさは変わったか」の場面ごとの比較は面白い。「よい心」に視点を当てつつ、実はこの時点で子どもの思考は「こわい心」にまで及んでいるのである。また、「こわい心」を問う時点においても、子どもたちの思考は「よい心」までもフィードバックしているのである。「比較」が思考の橋渡しをしていると言ってもよい。それは子どものつぶやきや発言の中からも見取ることができる。ここにも「比較」することの学習活動のよさがあると考える。
　「もとの作品と書き加えを行った作品とを比較する活動」については、創作という活動に加えて、作品の比較という二重構造の学習活動となっている。このことが、実は「作品の評価」にも大いに関係しているのである。子どもたちが場面ごとに書き加えた記述を読むと、十分に考えられたものであることを感じる。例えば、第1場面での早く食べたいという思いと、もっといいことを言ってもらいたいというきつねの揺れ動く心を見事に表現している（これも「比較」の学習活動の成果であろう）。第2、第3の場面についても、同様に微妙に揺れ動くきつねの心情を表現している。このような創作活動の背景には、きっと子どもたちの充実した話し合い活動や強い思い入れがあったに違いない。このことが、25名中18名が書き加えを行った作品が好きと回答している評価に少なからず影響を与えていると考えられる。
　ただ、もとの作品が好きな理由を書いている子どもの「書いていないほうがどきどきするからです」「じぶんでそうぞうしたほうがたのしいと思うからです」「きつねの気もちが書いていないぞ、しらべよう」といった記述から、文学的章章教材の読み方、味わい方を既に身に付けている子どもの存在が見えてくる。ここに、「作品を評価する読み」の可能性と限界を感じる。もっと言えば、比較の問題でもある。果たして、もとの作品と書き加えを行った作品との比較が妥当で

あったかどうかを検討する必要がある。しかしながら、2年生段階で「比較」という学習活動の有効性は十分実証された提案であると考える。

2 「かさこじぞう」（安達実践）について

　「かさこじぞう」（安達実践）には、実に学ぶことが多い。安達氏の実践も教材研究の緻密さが際立っている。作品の背景や教材分析等、実にきめ細やかである。そのことが、実践においても大いに反映されている。安達氏は、学習者に「判断」をうながす発問を、以下の「解釈」「論理」「評価」の3つに分類している。

　　　解釈……場面の変化など全体像をとらえるための発問
　　　論理……登場人物の行動と人物像など、部分と全体とを関連づけるための発問
　　　評価……叙述の仕方など作品としての価値を探るための発問

　このような分類を基に、意図的・計画的な発問がなされ、子どもたちの思考がより活性化していることも安達氏の実践の特長である（他教材における具体的な発問のバリエーションは、本書理論編長崎・坂元・大島論文参照）。

　具体的な実践内容を見ていくと、第1〜5場面をそれぞれ1〜10の「明暗スケール」に色で表現させ、その理由を書かせるという活動は単元を貫いており、子どもたちの思考の変容・足跡が明確であり、俯瞰的な読みの姿が見えてくる。事前にズレを予想し、それを生かして貴重な学びの機会とすることを仕組む。ここに安達氏の授業構成力の神髄を見る思いがする。特に、第4場面の授業展開は興味深い。第4場面は、じいさまが餅こを買えずに帰ってから、夫婦が漬け菜かみかみお湯を飲んで休むまでの場面である。この場面における子どもの明暗スケールの結果は次のとおりである。

　　明………24名（「明」6〜10 −「暗」4〜0）
　　　　　　一番多い理由（ほめられた→じいさまの行動を受け入れた→明るくなった：じいさ
　　　　　　ま、ばあさまの心情に寄り添っている）
　　　　　　二番目に多い理由（餅つきの真似事をしたので明るくなった：作品の醸し出す温か
　　　　　　さ・叙情性）
　　半々……5名（「明」5 −「暗」5）
　　暗………7名（「暗」6〜10）
　　　　　　全部を「暗」に塗った5名の理由（餅こなしの年越しだから。お正月が来ないから：
　　　　　　客観的な事実に同情）

　ここで、安達氏の意見の出させ方が絶妙である。安達氏は、「ズレを生かして意見交流を活性化させるには、極端な意見や少数派の意見を先に採り上げることが、ポイントである」「ズレは、論点を焦点化させるための重要な鍵」と述べているが、ここに判断のしかけのポイントが内在している。さらに「餅つきのまね事場面はなくても良い？」のような発問は次の学習に生かせる視点として、子どもたちにとって意義あるものであると前向きにとらえたい。

小学3年 「わすれられないおくりもの」（スーザン＝バーレイ　小川仁央 訳）

「悲しみレベル」で「判断」をうながす

東京都千代田区立九段小学校　吉岡 奈緒

1. 単元目標

- 叙述をもとに、場面の様子や登場人物の思いや心の動きを想像しながら読むことができる。
- 読み取った内容について自分の考えをまとめ、1人1人の感じ方に違いがあることに気付く。

2. 学習者に「判断」をうながす発問の「しかけ」の工夫

　文学教材において、人物の心情を直接問わない、判断の「しかけ」は(1)解釈を問う発問、(2)論理・関係性を問う発問、(3)教材を「評価」する発問の大きく3つに分けられる。本単元は、(1)(2)で構成した。

(1) 解釈を問う発問

　「わすれられないおくりもの」は、生と死が大きなテーマとなっており、第2場面からは、あなぐまの死を受け入れていく森の動物たちの様子が描かれている。心情の変化を表現するスケールとして「悲しみレベル」を0〜10で表現させ、その理由を書かせる。複数時間に同じスケールを用いることで、各場面の様子と登場人物の心情を解釈することができるとともに、場面ごとに変わりゆく心情をとらえさせることもできる。また、「悲しみは本当に0になったのか」と問うことで、物語全体を大きくとらえて解釈させることにつなげる。

(2) 論理・関係性（つながり）を問う発問

　「わすれられないおくりもの」は、第1場面にあなぐまと森の動物たちとの温かな交流とともに、あなぐまの死に向かいゆく思いや森の動物たちへの思いが描かれている。あなぐま⇔森の動物たちの関係性を大きくとらえるために「どんな関係だったのだろうか」と問い、双方向の関係性を本文を根拠に表現させる。また、「もしも、あなぐまさんが死んでしまった季節が冬ではなく春だったら……」と問い、季節と登場人物の心情の変化との関わりについて考えを深めさせる。最後に、「わすれられないおくりものとは何だったのか」を、選択肢を提示して問うことで、物語のもつ大きなテーマに迫らせる。

3. 人物の心情を直接問わない文学の授業の単元計画（全8時間）

第一次第1時　物語を通読し、「○○が……して〜した話（順接）」または、「○○が……したけれど〜した話（逆接）」という形を使って、1文で書き表す。読後感を色にして表現する。

第二次第2時　あなぐまと友だちはどんな関係だったのだろう。

　第3時　長いトンネルの向こうへ行くとき、あなぐまは幸せだったのか。また、あなぐまが死んだときの森のみんなの悲しみはどのくらいだったのだろうか。（悲しみレベル）

　第4時　森のみんなは、どのようなことを、どんなふうに語り合ったのだろうか。

　第5時　もしも、あなぐまが死んだのが、「あるあたたかい春の日」だったら、森のなかまたちの悲しさは、もっと早く消えていたのだろうか。（悲しみレベルはどのように違うか）（本時）

　第6時　みんなの悲しみは、本当に0（ゼロ）になったのだろうか。（悲しみレベル）

　第7時　「わすれられないおくりもの」は、

①思い出、②ちえやくふう、③みんなで助け合うこと、④あなぐまの心、のどれだろうか。

第三次第8時　あなぐまシリーズを読み、本を紹介しよう。（『アナグマのもちよりパーティ』『あなぐまさんはごきげんななめ』）

4. 本時の授業展開（5/8時）

(1) 本時の目標
- 森の動物たちの悲しみと季節との関わりについて、叙述を根拠に判断し、場面の様子と登場人物の心情を読み深めることができる。

(2) 本時の授業づくりのポイント

① 選択肢の提示
「もしも、あなぐまさんが死んでしまったのが『あるあたたかい春の日』だったら、森のみんなの悲しさはちがっていたのだろうか」という問いに対し、

①悲しみは早くなくなった
②変わらない

の2択とする。選択肢を限定することで自己の立場が明確になるとともに、その根拠を叙述に求めやすく、表現もしやすくなると考えた。複雑な思考や相互の意見交流がまだ難しい中学年の児童にとっては、AかBかと問うて判断をうながし、自己の立場をはっきりさせることで、思考・表現へとつながっていくと考える。また、同様に他者の立場も明確であるため、相互での意見交流も活発にしやすくなり、考えを深めやすくなると考えた。

② 悲しみレベル（心情バロメーター）の活用
愛していたあなぐまの死に直面した森の動物たちは悲しみに暮れる。児童は、その悲しさを「悲しみレベル」で数値化して表現し、その根拠を叙述に求めながら、「なぜ」「どのように」悲しさが変化してきているのか、また、あなぐまの死についてのとらえ方がどのように変わってきているか、を読み深めてきている。第3時では、死別直後の言いようのない悲しみと森の動物たちの喪失感をとらえ、そのうえで第4時では、春になって外に出られるようになったことにより、思い出を語り合うことで少しずつ癒えていく喪失の悲しさや寂しさについてとらえた。

そこで、本時も「悲しみレベル」で数値化して表現し、「もしも、あなぐまさんが死んでしまったのが"春"だったら……」と問い、悲しみレベルの違いと根拠、また、共通点についても考えさせる。

③ 比較して考える
〈冬だったら？〉〈春だったら？〉

本教材においては、物語全体のイメージや進行に季節のもたらす影響がかなり大きいように感じられる。冬の寒さと降り積もる雪は、森の動物たちの悲しみを象徴し、「雪はすっかり地上をおおいました。けれども、心のなかの悲しみをおおいかくしてはくれません」と表現されているように、季節があなぐまとの死別の悲しさをより増長させているようにも感じられる。また、一方であたたかな春の訪れと雪解けは、冷たく硬く固まってしまった森の動物たちの心にも暖かな春の風を吹き込ませてくれるようにも感じられる。また、森の動物たちが「たがいに行き来しては思い出を語り合った」ことのもたらす価値についても考えさせたい。ここでは、「悲しみレベル」がいくつかということではなく、季節が異なることによる印象の違い、森の動物たちが置かれる状況の違いについて考えを深めさせたい。

(3) 展開

主な学習活動	指導上の留意点
1　本時のめあてを確認する。	
あなぐまさんが死んでしまったのが、「あるあたたかい春の日」だったら、森のみんなの悲しさはちがっていたのだろうか。	
2　自分の立場を明確にし、ワークシートの悲しみレベルを塗って、その根拠を書	●2つの選択肢（①悲しみは早くなくなった、②変わらない）から選ばせる。

| き込む。 | ・冬と春とでどのように違うのか、または、季節が違ってもどこが同じなのかを視点にするよう声をかける。 | 3 考えを交流する。 | ・冬と春とを対比的に板書してまとめていく。 |

(4) 板書計画

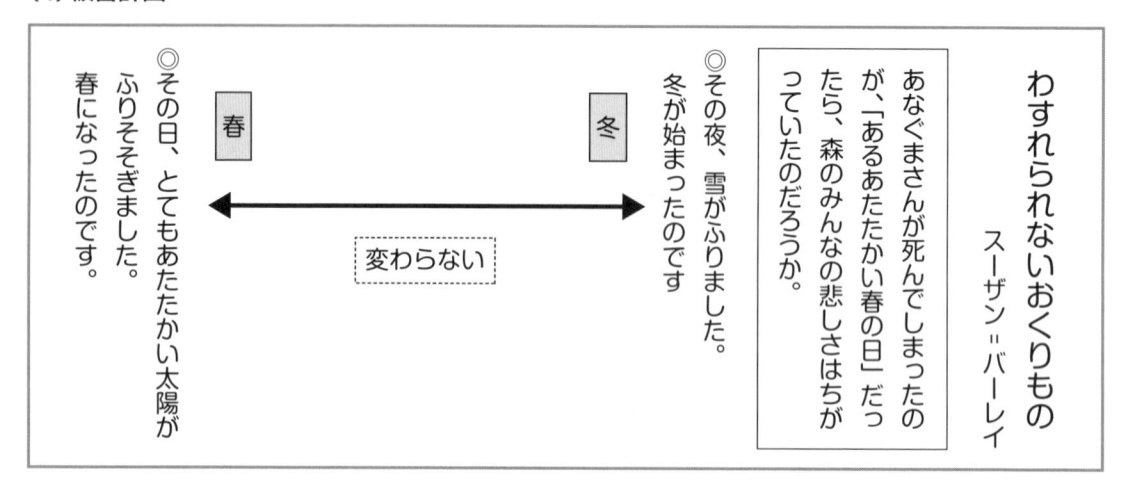

```
わすれられないおくりもの
　スーザン＝バーレイ

あなぐまさんが死んでしまったのが、「あるあたたかい春の日」だったら、森のみんなの悲しさはちがっていたのだろうか。

◎その夜、雪がふりました。
冬が始まったのです

[冬] ←――変わらない――→ [春]

◎その日、とてもあたたかい太陽がふりそそぎました。
春になったのです。
```

5. 心情を直接問わない授業の実際

(1) 第1時「○○が……して〜した話（順接）」または「○○が……したけれど〜した話（逆接）」、読後感を色にして表現する

第1時には、教師の範読の後、物語全体を1文で表す「ログライン作り」と、読後感を色で表すという2つの活動を行った。（　）内は人数。

- あなぐまが、長いトンネルのむこうへいって死んでしまった話（4）
- あなぐまが、みんなにいろいろ教えてくれたけど、死んでしまった話（6）
- あなぐまが死んで、みんなが悲しんだ話（4）
- あなぐまが、森のなかまたちに思い出を残して旅立った話（1）
- あなぐまが死んでしまったけど、みんなの心には残った話（2）
- あなぐまが死んで、みんな悲しかったけれど、さいごにおくりもののおれいを言う話（1）

物語に描かれるあなぐまの"死"というショッキングな出来事に反応し、ほとんどの児童が「あなぐまが死んで……」という表現を使っていた。しかしながら、「あなぐまが、死んでしまった話」で良いか、と問うと、児童は一様に「違う」と答え、あなぐまの死だけでなく、その死に対する森の動物たちの心情の変化が描かれていることを確認できた。

また、読後感を色で表現して交流することで、感想を表現するとともに、個々によって受けた印象が異なることを知ることができた。

(2) 第2時　あなぐまと森のみんなはどのような関係だったのだろうか

あなぐまと森の動物たちとの関係性を第1場面の叙述をもとに読み取り、あなぐま→森のみんな、森のみんな→あなぐまそれぞれを図式化してまとめた。また、その過程であなぐまの老いや死に際しての森のみんなに対する思いについても言及し、考えを深めさせた。

〈あなぐま→森のみんな〉
C　最後にみんなと走ったり、お菓子を作ったりしたかったな。
C　私ももう一度、みんなと走りたい。でも、もう難しい。
C　見ているだけで幸せだ。
C　みんなのことを見守ろう。
C　自分がいなくなってもみんなには悲しまないでほしい。
C　体はなくなっても心は残る。
C　みんなと思い出を作りたい。
C　助け合って生きていってほしい。
〈森のみんな→あなぐま〉
C　なんでも知っている。ものしりだな。
C　やさしい。
C　いろんなことを教えてくれる恩人だ。
C　頼りにしている。
C　家族のような、あったかい友だちだ。

(3) 第３時　長いトンネルの向こうへ行くとき、あなぐまは幸せだったのか。また、あなぐまが死んだときの森のみんなの悲しみはどのくらいだったのだろうか（悲しみレベル）

幸せ・幸せではないの２択で判断させた。死んでしまうことについてではなく、長いトンネルの向こうへ行くときのあなぐまに共感させて考えさせた。

〈幸せ〉
- みんなに思い出を残すことができた。
- 私が教えたことをお互いに教え合い、次につなげていってほしい。
- すばらしいゆめを見た。
- 私の順番は終わった。

〈幸せではない〉
- もっと教えてあげたかった。
- あとに残すみんなのことが気がかり。

幸せ・幸せでないの「判断」をする際に、第2時にあなぐまと森の動物たちとの関係性をとらえる過程で出されたあなぐまの思いにふれた児童が多かった。前時の学習を生かし、判断の材料にすることができた点は評価できる。また、森の動物たちの悲しみレベルは、最大の10と表現した児童が多く、その根拠として本文中にある言葉（やりきれないほど、涙は毛布をぐっしょり濡らした、とほうにくれた等）を挙げた児童が大半であった。

(4) 第４時　森のみんなは、どのようなことを、どんなふうに語り合ったのだろうか

４人グループを構成し、もぐら・かえる・きつね・うさぎのおくさんの役に分かれて、実際にどのように語り合ったのか、役割演技を行わせた。実際に語り合わせることで、互いにどのような返答をしたのか、どんなことを尋ねたりお願いしたりしたのかなどについて考えを深めることができた。

㋴　ぼくは、はさみを使うのが上手だろう？　実はあなぐまさんに教えてもらったんだ。
㋒　私も、あなぐまさんにいろんなことを教えてもらえて嬉しかったわ。私はしょうがパンを焼けるようになったの。
㋴　へぇー、君もかい？　しょうがパンの焼き方か。今度ぼくにも教えて。
㋒　そうね、今度は私が教える番だわ。
㋕　あなぐまさんってやっぱり優しかったよね。ぼくは、１人で立派にスケートが滑れるようになったんだ。
㋖　みんなの話を聞いてると元気が出るなあ。大切なあなぐまさん、天国から見ていてね。

また、活動後に森の動物たちの悲しみレベルを数値で表現させ、その根拠を書かせた。

- 悲しみレベルは少なくなったけど、まだある。思い出を語り合ううちに悲しみもどんどん減っていったんじゃないかな。
- あなぐまさんがのこしたものの豊かさに少しずつ気付いて、その豊かさは少しずつ悲

> しみを減らした。

悲しみレベルは2〜6と様々であったが、喪失直後に比べて悲しさは少なくなってきたことは共通で確認することができた。実際にそれぞれが役になりきって考えたことで、あなぐまが残した知恵や工夫と思い出、できるようになったことだけでなく、それらを「語り合ったこと」の重要性に気付くことができた児童が多くいた。

(5) 第5時 もしも、あなぐまが死んだのが、「あるあたたかい春の日」だったら、森のなかまたちの悲しさは、もっと早く消えていたのだろうか(悲しみレベルはどのように違うか)

前述のように、この作品は季節がストーリーに及ぼしている影響が大きいように感じる。そこで、あなぐまの死とともに冬が訪れるというものを、もしもあなぐまさんが死んでしまったのが春だったら？、と仮定することで、季節を含めた物語の場面設定や、季節感が与える印象の違いについて考えを深めさせたいと考えた。

> 〈早くなくなっていた〉
> C 冬だと冬眠する。外でも遊べないから、悲しさが大きい。春だと、せっかくだしみんなで遊んだりお話ししたりすると思う。そうすると、悲しみも早くなくなるんじゃないか。
> C 冬は静かで、寒くて、寂しい感じがする。春だと、あったかくて、明るくて、みんながニコニコしている感じ。
> C 冬だと、外に出られないからひとりぼっちで寂しい。みんなで思い出を話すこともできない。春だと、いつでも集まって話せる。
>
> 〈変わらなかった〉
> C 愛していたあなぐまさんがいなくなる寂しさや悲しさは、季節には関係ない。
> C 冬だったら「雪は地上をすっかりおおいました。けれども、心の中の悲しみを、おおいかくしてはくれません」、春だったら「外はぽかぽかいい天気です。けれども、心の中までぽかぽかにはしてくれません」となる。季節が違っても、悲しみは同じ。

それぞれが根拠を述べ、互いに意見を交換することで、多様な読みをすることができた。意図したように、季節が違うと受ける印象が違うということや、前時に学習した「語り合ったことの重要性」に触れて、たくさん語り合うことが悲しみを癒すことにつながると考えた児童もいた一方、喪失の悲しみは季節ではなく、時間が解決するものだから、冬でも春でも同じだと考えた児童もいた。「判断」をうながしたことで、児童が叙述をもとにしながら、本文を再度読み返し、文章表現や行間、読者自身を読むことができた1時間となった。

(6) 第6時 みんなの悲しみは、本当に0(ゼロ)になったのだろうか(悲しみレベル)

「『みんなの悲しみも消えていました』とありますが、本当に悲しみは0になったのでしょうか」と投げかけた。ここでは、悲しみは本当になくなったのか、と問うことで物語全体を大きくとらえて解釈させたいと考えた。

> 〈ほとんど0〉
> C いつも楽しい思い出を話すことができるようになったし、みんなでいろいろできることに気付いたから悲しみはほとんど0になっている。
> C 最後におくりものをもらったことに気付いたから、悲しみはなくなっている。
>
> 〈0になっていない〉
> C 「消えていました」と書いてあるけれど、思い出を話し合っているのは、あなぐまさんのことを忘れていないということだから、悲しい、恋しい気持ちが残っている。
> C 「ありがとう、あなぐまさん」は悲しみをぐっとこらえて言っている。

> C　大切な人だったから、死んでしまっていなくなったら、悲しい、寂しいという気持ちは、0になることはない。
> C　冬の初めから春になってすぐだから、そんなに簡単に悲しみはなくならない。もう少し時間が必要。
> C　頼りにしていたし愛していたからいなくなって悲しい気持ちはあるけれど、みんなで乗り越えようと思っている。

「消えていました」という文章表現からは、悲しみは消えてなくなったという読みをしている児童も多くいると考えた。しかしながら、問いを投げかけたところ、児童は物語全体をとらえ直し、確かに減ったけれどそう簡単に悲しみがなくなったとは思えない、自らの喪失体験を踏まえてそんなに簡単に悲しさが消えてなくなるわけがないという考えを多くの児童が述べていた。

(7) 第7時　『わすれられないおくりもの』は、①思い出、②ちえやくふう、③みんなで助け合うこと、④あなぐまの心、のどれだろうか

題名は、その物語を象徴する大切なキーワードであり、作者が作品に込めた思いや主題に迫る手立ての1つでもあると考える。「わすれられないおくりもの」とは何だったのかについて考え、本教材の読解を終えることとした。4択を提示したが、何度も作品を読み返す中で「どれか1つなんて選べないのではないか」と考える児童も出てきた。1つを選んで根拠を述べた児童も、他の友だちの考えと根拠に納得し、全体では「すべてがおくりものだったのではないか」という結論で締めくくった。

(8) 第8時　あなぐまシリーズを読み、本を紹介しよう（『アナグマのもちよりパーティ』『アナグマさんはごきげんななめ』）

これまで読み進めてきた作品の世界観をより広げるために、同シリーズの2冊を紹介した。「わすれられないおくりもの」に描かれていないあなぐまともぐらの交流を知ることで、あなぐまと死別したもぐらの悲しみをより共感的にとらえ直した児童もいた。1時間の活動だったので、ペアで紹介し合う活動にとどまったが、ポスターや帯作りにまで発展させたかった。

6. 実践の成果と今後の展望

(1) 成果

心情を直接問うことなく「判断」に迫ることで、児童はより作品を読み込み、自分なりに解釈し、表現しようとする姿が見られた。また、一読しただけで「わかっているつもり」になっている事柄を敢えて問い直すことで、児童は作品に再度向き合って思考を始めるため、より深い読みをうながすことができたのではないかと考える。また、学力下位層の児童にとっても、選択肢や数値化などで「判断」をうながすことで、どの場面でも授業に参加することができた。何より、「判断」をうながすことにより、個々がより読み深めることができるだけでなく、児童相互の関わりを生み、活発に意見を交流する様子が見られた。文学をただ読むだけではない、読み深める楽しさ、自己と他者との読みの違いの面白さを味わうことができたと考えている。

(2) 今後の展望

本実践では「判断」をうながす発問として、〈解釈〉〈論理・関係性〉を問う発問を用いて単元を構成した。今回は、悲しみレベル（スケール）を中心に据えて取り組み、読み深めに役立てることができたが、すべてに通じるものではないと考える。教師が、教材の持つ特性・論理を見極め、それに合った〈解釈〉〈論理・関係性〉〈評価〉の発問を、精選してバランスよく取り入れて単元を構成すべきだと考える。今後も、思考・判断・表現をうながし、児童に力が付く、よりよい授業づくりに励んでいきたい。

小学3年　「おにたのぼうし」（あまんきみこ）

問いが生まれる発問で読みを深める

東京都八王子市立城山小学校　三津村　康子

1. 単元目標

- 場面の移り変わりをとらえて、登場人物の会話や行動から、心の動きを読み取ることができる。

2. 学習者に「判断」をうながす発問の「しかけ」の工夫

　私たちは、物語を読むときに、これまでの読書経験や自分の経験などを踏まえて、自然に自分の中に読みの一貫性を構築している。読むことに限らず、人間には一貫性を保とうとする心理作用がある。しかし、この一貫性を揺るがされるような出来事に出会うとき、子どもたちの中には問いが生じ、読みの一貫性を保とうと、子どもたちはこれまでの読みをどうにか繋いでいこうとする。答えを導き出そうと思考し、結果として読みを深めていくのである。その一貫性を揺るがし、子どもたちの中に問いを生み出すのに有効であるのが、教師からの発問である。

　物語には、「空所」と呼ばれる叙述に表されていない部分が存在する。「空所」を読むことで、登場人物の人物像や人物同士の関係性などをさらに深く読むことができる。では、どうすれば、子どもたちが「空所」を読むことができるのか。それには、教師が物語の「空所」をとらえた発問をすることである。教師からの発問により、それまで子どもたちの中で出来上がっていた読みが一旦崩され、新たな読みが繋がっていき、読みが深まっていく。場面ごとに登場人物の心情だけを問う発問では、子どもたちが考えることを抑制してしまう。子どもたちが自ら考え、自分の考えを活発に交流し合うためには、教師からのしかけともいうべき発問が必要となってくるのである。

(1) おにたの人物像をとらえさせる発問（第2時）

　一般的な物語に出てくるイメージの鬼とは違うおにたの人物像をとらえさせるため、他の物語での鬼について考えさせた。次に、「なぜまこと君の家の物置小屋に住んでいたのか」という発問を子どもたちに投げかけることで、おにたは恥ずかしがり屋の性格だということだけでなく、人間と触れ合いたいのに人間に見つからないようにしているおにたの願いやおにたと人間との微妙な距離感にも気付かせたいと考えた。

(2) おにたの行動から心情を判断させる発問（第3時）

　まこと君の家では姿を見せないように気を付けていたおにたが、女の子の現状を知ると、角かくしのぼうしをかぶり、女の子に直接赤ごはんと煮豆を持っていく。このおにたの行動から、直接は書かれていないおにたの心情を想像し、読み取らせたいと考え、「おにたは誰のために赤ごはんと煮豆を持って行ったのだろうか」と発問をし、選択肢を、A女の子、Bお母さん、C自分（おにた）、と提示し、判断させた。

(3) 比較により判断させる発問（第4時）

　この物語では、豆まきをする場面が2か所出てくる。はじめのまこと君の豆まきと最後の女の子の豆まきである。この2つの豆まきを比較し、「まこと君の豆まきと女の子の豆まきを比べよう」と発問することにより、2つの豆まきの状況の違いをはっきりさせ、おにたが消えてしまった後の切なさが残る女の子の豆まきについて考え、感じ取らせたいと考えた。

(4) 不確定性が生じる発問（第5時）

　この物語の終末では、おにたが消えていなくなり、後には黒豆と麦わら帽子だけが残される。こ

の場面で、子どもたちの読みの中におにたはどうなったのかという不確定性が生じる。「おにたがいなくなった後、なぜ麦わら帽子だけが残っていたのでしょう」と問うことにより、叙述にはない箇所を敢えて考えさせることによって、読みが深まっていくと考えた。あくまで想像するしかないのだが、単なる空想ではなく、叙述や根拠をもとにして考えを交流していくことで、様々なとらえ方や見方を知り、読みの幅が広がっていくのではないかと考えた。

3. 人物の心情を直接問わない文学の授業の単元計画（全7時間）

第一次 第1時　全文を読み、内容の大体をつかむ。難語句を確認する。物語を1文にまとめ、感想を交流する。

第二次 第2時　おにたの人物像を、他の物語の鬼と比較したり、おにたの行動を考えたりすることで話し合う。

　　　 第3時　おにたの行動から、おにたの思いや願いを読み取り、話し合う。（本時）

　　　 第4時　2つの豆まきを比較し、場面の様子を想像し、人間と鬼の関係について考える。

　　　 第5時　おにたの麦わら帽子について話し合うことで、おにたの思いを考える。

第三次 第6時　最後の場面をおにたの日記の形で書き直す。

　　　 第7時　日記を発表し合う。

4. 本時の授業展開（3/7時）

(1) 本時の目標
- おにたの行動について考えることで、おにたの願いや思いを叙述から読み取ることができる。

(2) 本時の授業づくりのポイント

①選択肢を用意し、判断の根拠を明確にさせる

おにたは角かくしの麦わら帽子で正体を隠しながらも、人間の傍で人間と関係をもちたいと願いながら生活をしている。そのおにたの願いにどのようにしたら子どもたちは気が付くことができるのかということを考えたときに、おにたの行動からおにたの願いを読み取らせることにした。それまでは必死に自分の存在を隠していたおにたが、女の子の前には自分の姿を現している。女の子に赤ごはんと煮豆を持って行ったおにたの行動は、「女の子のため」と考えるのが普通である。しかし、敢えてこの場面で子どもたちの読みの中に、一貫性を揺るがす発問をすることで、子どもたちの中に不確定性が生じ、おにたの思いに深く触れることができるのではないかと考えた。

そこで、子どもたちが考えるであろう「女の子のため」「お母さんのため」という選択肢を用意し、そこに「自分のため」というものも加え、この3つの選択肢から、その根拠を、叙述をもとに考えさせることにした。

②どの程度なのか割合を示す

教材研究をする中で、この選択肢から1つを選ぶことが適当ではないことが考えられた。選択肢の中から複数を選ぶであろうことが予想されたので、この選択肢について自由に順位をつけさせた。心情というものは、「うれしい」など1つの言葉だけでは表せない場合が多い。「うれしいけど少し悲しい」「うれしくもあり、驚きもある」などのように1つの言葉では表現しにくいことがある。選択肢の中から複数を選び、それがどの程度なのかを考えることで、登場人物の複雑な心情を表すことができると考えた。3年生の子どもたちが割合で表現するのは困難なので、わかりやすく順位で表すことを提案した。3つの選択肢の中から1つを選び、その根拠を述べる子もいれば、3つを選び、順位をつけて表現する子もいた。その表現の方法を統一しなかったのは、子どもたちが考えた自由な発想で表現してほしいと思ったからである。

③話し合い前と話し合い後の読みの変化を示す

初めに選択肢を与えた直後の自分の考えと、もう一度本文に立ち返り、考え話し合った後の変化をワークシートでわかるようにし、比較できるよ

うにした。

　自分の考えを皆で交流することのよさ、他の人の考えを聞くことのよさを子どもたちに感じ取らせ、読みの深まりを子どもたち自身が実感し、読みの交流をする楽しさを感じてほしいと考えた。

また、子どもたちがどのような読みをしているのかを教師が見取り、その後の話し合いに有効に活用するためにも、初めの子どもの考えを聞くことは必要である。

(3) 展開

主な学習活動	指導上の留意点
1　前時の学習を振り返る。	・前時のワークシートでおにたの人物像を振り返らせる。
2　音読をした後に、おにたが女の子に赤ごはんと煮豆を持って行ったのは誰のためなのかを3つの選択肢から判断し、その根拠を考える。	・「女の子のため」「お母さんのため」「自分のため」という3つの選択肢から判断させ、自分の考えを根拠とともにワークシートに記入させる。 ・初めの自分の考えを挙手させ、確認する。 ・3つとも選んだ子には、順位をつけるよう指示する。
3　自分の考えを発表し、交流する。	・話し合った内容がわかるように子どもたちの意見を整理し、板書する。
4　学習のまとめをする。	・感想をワークシートに書き、発表し合う。

(4) 板書計画

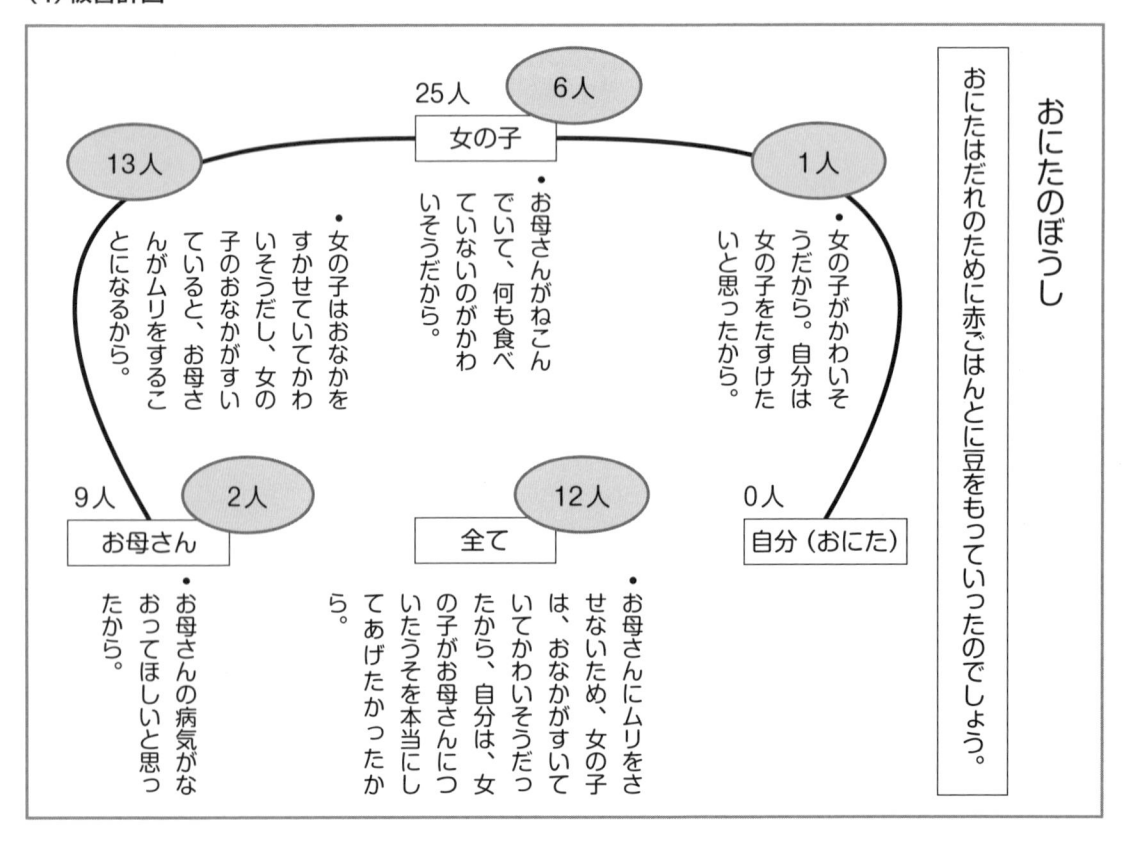

おにたのぼうし

おにたはだれのために赤ごはんと豆をもっていったのでしょう。

【女の子】25人（6人）
・お母さんがねこんでいて、何も食べていないのがかわいそうだから。

【13人】
・女の子はおなかをすかせていてかわいそうだし、女の子のおなかがすいていると、お母さんがムリをすることになるから。

【1人】
・女の子がかわいそうだから。自分は女の子をたすけたいと思ったから。

【お母さん】9人（2人）
・お母さんの病気がなおってほしいと思ったから。

【全て】12人
・お母さんにムリをさせないため、女の子は、おなかがすいていてかわいそうだったから、自分は、女の子がお母さんについたうそを本当にしてあげたかったから。

【自分（おにた）】0人（1人）

5. 問いが生まれる発問で心情を直接問わない授業の実際

(1) おにたの行動について考える(第3時)

「おにたは誰のために赤ごはんと煮豆を持っていったのでしょう」

① 初めの選択

まず初めに発問を提示してから、A女の子のため、Bお母さんのため、C自分のため、という選択肢の中からおにたの心情として当てはまると感じたものを聞いてみた。選択肢を示すと、子どもたちの中から「えー」という驚きのつぶやきが漏れ、「自分のための訳がない」という声が次々に聞こえてきた。初めの段階での結果は以下の通りである。

```
A女の子のため …… 25人
Bお母さんのため …… 9人
C自分のため ………… 0人
```

予想通り、圧倒的に「女の子のため」と考える子どもがほとんどであった。ここから、どのように授業を展開していったのか、授業の様子を次に示す。

② 授業の様子

T　おにたが赤ごはんと煮豆を持って行ったのは、女の子のためだと考える人がほとんどですね。もう一度、教科書を読んでみましょう。
C　女の子の家に何も食べるものがないことをおにたは見ていたから、女の子のために赤ごはんと煮豆を持って行ったんだと思います。
C　女の子がかわいそうだと思ったから、女の子にごちそうを持って行ったんだと思います。
C　女の子のためとお母さんのためと両方だと思います。
T　もう少し詳しく言ってみてください。
C　女の子がかわいそうだと思ったのと、お母さんが病気だと知って、お母さんの病気を治そうと思ったから、女の子のためとお母さんのためと両方だと思います。

C　そっか。2つ選んでいいなら、そう思う。
T　○さんみたいに、いくつか選んでもいいですよ。その場合、おにたの気持ちとして女の子のための方が多いのか、お母さんのための方が多いのか順番を考えてみましょうか。
C　女の子のためが一番で、次がお母さんのためだと思います。
C　私も同じです。
C　あれ？　でも自分のためもあると思う。
T　○君は自分のためということもあると思ったんですね。どうしてそう思ったのですか。
C　自分(おにた)が、女の子がお母さんに嘘をついたのを本当にしてあげたかったから。助けてあげたかったから。
C　鬼でもいい鬼もいるってことを知らせたかったから自分のためだと思います。
C　女の子、お母さん、自分のため、どれも当てはまると思う。

③ 話し合い後の選択

話し合いを進めていく中で、おにたの心情に触れながら、おにたの願いや思いにまで触れる意見が出てきた。これらの話し合いの後、ワークシートに自分の考えを書かせた。それを集計してみると、以下のようになった。

```
○女の子のため                    (6人)
• お母さんが寝込んでいて何も食べていない
  のがかわいそうだから。
○お母さんのため                  (2人)
• お母さんの病気が治ってほしいと思ったか
  ら。
○女の子とお母さんのため         (13人)
• 女の子はお腹をすかせていてかわいそうだ
  し、女の子のお腹がすいていると、お母さ
  んが無理をすることになるから。
• 女の子は何も食べていないから。女の子の
  お母さんを安心させるため。
○女の子と自分のため              (1人)
```

- 女の子がかわいそうだから。自分は女の子を助けたいと思ったから。
○すべて当てはまる。　　　　　　　（12人）
- お母さんに無理をさせないため、女の子は、お腹がすいていてかわいそうだったから、自分は、女の子がお母さんについた嘘を本当にしてあげたかったから。
- 米粒1粒食べていない女の子のため。お母さんは病気だから。自分は、鬼でもいい鬼もいるっていうことを知らせたかったから。

(2) 2つの豆まきのちがいを考える（第4時）
「まこと君の豆まきと女の子の豆まきの違いはなんでしょう」

T　この話の中には、豆まきをしている場面が2か所出てきます。どこかわかりますか。
C　最初のまこと君が豆まきをしているところ。
C　最後に女の子が豆まきをしている。
T　そうですね。この2つの豆まきを比べてみたいと思います。違いはありますか。音読してみましょう。どのように読みましたか。
C　まこと君の豆まきは、元気で、女の子の豆まきは静か。
C　まこと君は元気に豆まきをしているから、強く投げている。女の子は、弱く投げている感じ。
T　ワークシートに「ぱらぱら」と書いてみようか。どんな風に書く？
C　まこと君は元気よくだから、「ぱらぱら」を太く大きく書きました。女の子は、うすくて小さい字で弱々しい感じ。
C　まこと君の豆まきは、勢いがある感じだから、思い切りよく書きました。女の子の豆まきは小さく。でも気持ちはこもっている。
T　どうして女の子の豆まきはこんなに静かなんだろうね。
C　まこと君は、鬼が来ないように思いっきり投げているけど、女の子はそうじゃない。
C　女の子は、お母さんの病気が治りますようにって願いをこめてまいているんじゃない？

C　お母さんが病気で寝ているから、お母さんを起こさないように静かに豆まきをしたんだと思う。
T　なるほど。病気のお母さんを気遣っているんだね。どうして豆まきをすると、病気が治るの？
C　鬼がいなくなるから。
C　病気とか、悪いものを「鬼は外！」って言って家から出すから。
C　鬼は悪いけど、おにたはちがう。おにたは優しい。
C　おにたは人間が好きで、人間と仲良くなりたい。
C　おにたはかわいそう。いい鬼もいるってわかってほしくて、いろいろやってるのに……。

6. 実践の成果と今後の展望

(1) 成果

　第3時では、「おにたが赤ごはんと煮豆を持っていったのは女の子のため」であるという子どもの中に生じていた読みの一貫性を、「誰のために持って行ったのか」という発問をし、「自分のため」という選択肢を加えて子どもたちに提示をすることで、子どもたちの内に不確定性が生じ、「女の子のためではないのだろうか」という問いが生まれ、子どもたちは、もう一度叙述に戻って考え始めた。また、自分の考えと他の人の考えを交流することが活発に行われた。他の人の考えを自分の考えと比べながら聞こうとする姿勢が伺えた。話し合いをする中で、これまでとは違う読みを構築していった子どもが出てきたことを結果から伺うことができた。

　第4時の学習では、2つの豆まきを対比させ、考えることで、書かれていない心情や、場面と場面とのつながりを読むことができた。子どもたちは、より具体的に女の子の状況やお母さんを思いやる女の子の優しさを読み取ることができた。また、2つの豆まきを音読したり、文字で表現させたりすることによって、言葉だけでは表しきれな

い微妙な様子や雰囲気の違いなどを表現することができ、それを交流することができた。

　今回の授業では、わかり合うことができない鬼と人間の関係、おにたの思いが届かない切なさを３年生でもどうにか読み取れないかと考え、場面を区切るのではなく、全体を俯瞰し、主題に迫るような発問をし、話し合いを行った。その中で、子どもたちの発言やワークシートの記述から３年生の子どもたちなりにおにたの心情に迫り、読みを深めることができたように思う。

(2) 今後の展望

　本教材の目標として、「場面の移り変わりをとらえる」というものがある。場面の移り変わりを的確にとらえるためには、場面ごとに区切って、登場人物の気持ちを話し合っていくやり方では十分とは言えない。物語全体を大きくとらえ、そこから、１つ１つの行動や思いを読み取っていくことが必要となってくるのではないだろうか。

　例えば、おにたの人物像をとらえるのにも、「この時のおにたはどんな気持ちだったでしょう」「おにたはどんな性格だと思いますか」と問うよりも、「どうして物置小屋に住んでいたのか」と問うことで、おにたの恥ずかしがり屋の性格や人間と関わりをもちたいと願っていることなどを自然に読み取ることができる。一読してわかるような、一貫性になぞらえた発問では、子どもたちは退屈し、決まりきった答えしか導き出そうとしないだろう。その一貫性を揺るがすような不確定性をもつ問いかけ、子どもたちの中に問いが生じるような問いかけをすることで、子どもたちはもう一度叙述に戻り、問いの答えを導き出そうとする。他の人はどう思ったのだろうと知りたくなり、対話の必然性が生じる。それでこそ、話し合いをする意味がある。わかりきったことを話し合う授業では、楽しさは生じてこない。

　今回の授業を通して、「判断をうながす発問のしかけ」を考えることで、子どもたちの思考がうながされ、話し合いが活発になったと感じた。

　課題としては、教師がいかに子どもたちの感性を大切にしながら話し合いを進め、その意見や考えの過程をわかりやすく板書にまとめることができるのかもっと工夫をしていく必要があると感じた。

　教師からの発問で子どもたちの内に問いが生まれる授業を目指して教材研究に取り組んだが、目指すべきところは、子どもたち自身が、読む中で自ら問いを立てていくことができるようにすることである。そして、文学の授業で培った力を子どもたちのこれからの読書活動に生かしていくことである。そのような子どもたちを育成するためにも、今後も教材研究に励み、子どもたちの問いを生み続けることができるような授業を展開していきたい。

〔参考文献〕
- 山元隆春『文学教育基礎論の構築─読者反応を核としたリテラシー実践に向けて─』溪水社、2005年
- 長崎伸仁編著、東京都調布市立富士見台小学校『「判断」でしかける発問で文学・説明文の授業をつくる』学事出版、2014年

実践のポイント　小学3年

「選択肢」を通して読みを深めさせる

鹿児島県姶良・伊佐教育事務所指導課長　森山　勇

　3年の文学教材「わすれられないおくりもの」「おにたのぼうし」の授業実践である。両実践に共通しているのは、①登場人物の心情を直接問わない発問の工夫、②選択肢を通して読みを深める授業展開である。以下、両実践の特徴について述べる。

1　「わすれられないおくりもの」（吉岡実践）について

(1) 発問の工夫

　登場人物の心情を直接問わない発問の工夫として、吉岡氏は、①解釈を問う発問、②論理・関係性（つながり）を問う発問を行っている。生と死をテーマにした「わすれられないおくりもの」では、あなぐまの死を受け入れてゆく森の動物たちが描かれている。

　本文に「最後の雪が消えたころ、あなぐまがのこしてくれたもののゆたかさで、みんなの悲しみも、消えていきました」という叙述がある。授業者はここに着目し、「みんなの悲しみは、本当に0（ゼロ）になったのだろうか」と悲しみのレベルを問うことで、読みを深めようとしている。実際の授業でも、子どもたちから「『ありがとう、あなぐまさん』は悲しみをぐっとこらえて言っている」「大切な人だったから、死んでしまっていなくなったら、悲しい、寂しいという気持ちは、0になることはない」などの深い解釈が出てきている。

　「みんなの悲しみは、本当に0（ゼロ）になったのだろうか」という、悲しみのレベルを数値化し、そのレベルの判断を問う発問は、多くの子どもたちが授業に参加しやすく、様々な子どもたちの解釈を引き出し、読みを深めさせているので、有効な働き掛けであったと考えられる。また、季節と登場人物の心情の変化との関わりを問う「もしも、あなぐまが死んだのが『あるあたたかい春の日』だったら、森のなかまたちの悲しさは、もっと早く消えていたのだろうか」という発問で、子どもたちは、「早くなっていた。冬だと、外に出られないからひとりぼっちで寂しい。みんなで思い出を話すこともできない。春だと、いつでも集まって話せる」「変わらなかった。愛していたあなぐまさんがいなくなる寂しさや悲しさは、季節には関係ない」など多様な読みを引き出している。

　物語展開を仮定的に違った視点から設定し、心の動きを論理的に考えさせる発問は、思考力・表現力・判断力を育てる文学の授業においては、教材の特性にもよるが、効果的な読みを深める手段になり得ることも実証された。

(2) 役割演技と関連させて悲しみレベルを考える活動

　第4時では、あなぐまにお世話になった、もぐら・かえる・きつね・うさぎのおくさんに分かれて実際にどのように語り合ったのか、役割演技を行わせている。その後、悲しみのレベルを数値で表現させ、根拠とともに話し合いをさせた。「思い出を語り合ううちに悲しみもどんどん減っていったんじゃないかな」などと、演じた後、数値化することで、悲しみの度合いが低くなっていることを実感した読みになっている。

2 「おにたのぼうし」(三津村実践) について

　おにであるが故に人間と通じ合えない、心優しいおにたの切ない物語である。題名にもある「ぼうし」は人間からおにへ変わる作品のしかけでもある。
　三津村氏は、「人間と触れ合いたいのに人間に見つからないようにしているおにたの願いやおにたと人間との微妙な距離感にも気付かせたい」との思いから授業を構想している。本実践で特徴的なことは、①問いが生まれる発問の工夫、②選択肢の工夫した活用、③２つの豆まきの比較、である。

(1) 問いが生まれる発問の工夫
　三津村氏は、学習者に「問い」が生まれる「発問」で読みを深めようと、多くの発問の工夫を行っている。例えば、第２時で「なぜまこと君の家の物置小屋に住んでいたのか」と投げ掛け、おにたの人間となかよくなりたいのに、なかよくなれない鬼の立場を、人間との微妙な距離感を考えることで、深く読み取らせている。
　元来、発問とは問いを発するように働きかける行為である。そういった意味からも発問の機能を十分に生かした工夫のある発問になっている。

(2) 選択肢の活用の工夫
　第３時で、三津村氏は、おにたが女の子に赤ごはんと煮豆を持って行ったのは誰のためなのかを３つの選択肢から判断させている。「女の子のため」「お母さんのため」は子どもにも予想できた選択肢であったが、「自分のため」は子どもたちにとって予想外であった。しかし、「自分（おにた）が、女の子がお母さんに嘘をついたのを本当にしてあげたかったから。助けてあげたかったから」の反応をきっかけに、自分のためにという選択の意味が分かり出すと、多くの子どもの読みが広がっていった。これは、第３の選択ともいうべき「自分のため」を選択肢に加え、しかもいくつ選んでもよいですよ、と複数、認めたことで、おにたの行動の背景にある多様な心情に気付いていったからである。
　３人のための行為だと考えた子どもの根拠は、「米一粒食べていない女の子のため。お母さんは病気だから。自分は、鬼でもいい鬼もいるっていうことを知らせたかったから」を挙げている。鋭い読みである。これは、「おにたが、女の子に赤ごはんとに豆を持っていったときの気持ちはどうだったでしょうか」のような直接心情を問う発問であったら、引き出すことは難しかったとも考えられる。

(3) ２つの豆まきの比較
　本実践の特長は、まこと君の節分の豆まきと女の子の豆まきとを比べる活動を行っていることである。音読することで、「元気」「静か」「強い」「弱い」の対比に気付き、女の子の豆まきが静かに行われた理由を、病気で寝ているお母さんを気遣っていると、とらえている。さらに、「どうして豆まきをすると病気が治るの」と発問し、「おにたはかわいそう。いい鬼もいるって分かってほしくて、いろいろやってるのに……」の意見も引き出している。女の子の静かな豆まきに込められた思いは、作者のおにたへの思いでもある。着目したいのは、直接書かれていない「おにたはかわいそう。いい鬼もいるって分かってほしくて、いろいろやってるのに……」という作者の思いを読み取っている点である。このような豊かな読みが生まれたのは、物語全体を通しておにたの立場や、おにたと女の子の関係をとらえながら、２つの場面の比較を論理的に考察しているからである。

第Ⅱ部　実践編1｜小学校編

小学4年　「白いぼうし」（あまんきみこ）

スケーリングの活用で視点人物の心情に迫る

鹿児島県屋久島町立安房小学校　中川　寛仁

1. 単元目標

- 場面の移り変わりに注意しながら、視点人物（中心人物）の心情やその変化を読むことができる。
- 場面の様子や視点人物の心情が伝わるように、音読劇で紹介することができる。

2. 学習者に「判断」をうながす発問の「しかけ」の工夫

(1) スケーリングを活用する理由

本単元では、長崎伸仁等が理論編で述べた「人物の心情を直接問わない『手だて』—学習者に『判断』をうながす『しかけ』のバリエーション—」の1つである、スケーリングを活用した発問の基本型に注目して実践することにした。

スケーリングに注目した理由は2つある。

1つは、本学級（4年生）の実態である。本学級の子どもは、ある言葉から想像を広げ、視点人物の心情を読むことはあるが、根拠に曖昧なところがある。また、読むことに苦手意識をもち、考えを表現することに躊躇する子どももいる。

スケーリングとは、自分の考えを数値等に置き換えて表現する方法である。これなら、「このときの気持ちは？」と問うよりも、子どもは、直観的に人物の心情をとらえ、その考えを表現しやすくなる。また、その数値を選んだ根拠や理由を問うことで、教材文全体の言葉や文脈に自然と意識が向く。

「白いぼうし」は、4年生が初めて学習する文学教材である。スケーリングを活用することで、1人1人が、叙述を根拠に、視点人物の心情に迫っていく楽しさを実感する授業にしたい。

2つめは、教材「白いぼうし」の特性である。「白いぼうし」は、視点人物の松井さん（タクシー運転手）が、白い帽子の中にいた蝶を逃がしてしまったことをきっかけに、不思議な出来事に出合う物語である。車の後部座席に乗せた女の子が突然いなくなったり、蝶と考えられる声が聞こえたりするといったファンタジーな世界が広がる。その一方で、色とにおいを想像させる言葉や松井さんの人柄から、物語全体に温かさも感じる。

子どもは、この「不思議さ」と「温かさ」が混在した「白いぼうし」を読むとき、松井さんの心情の揺れや変化を、どう解釈し、どのように表現したらよいか悩むことがあると予想する。

そこで、自分の考えを表現しやすいスケーリングに注目し、活用することにした。その際、子どもが松井さんの心の揺れに気付くように、スケーリングの形式を工夫した。

具体的には、松井さんの心を表した円に、オレンジ色（明るい気持ち）と水色（暗い気持ち）を塗らせるようにした。円を5つに分割したのは、奇数の方が自分の立場が明確になり、友だちの考えとの違いがはっきりするからである（図1）。

このスケーリン

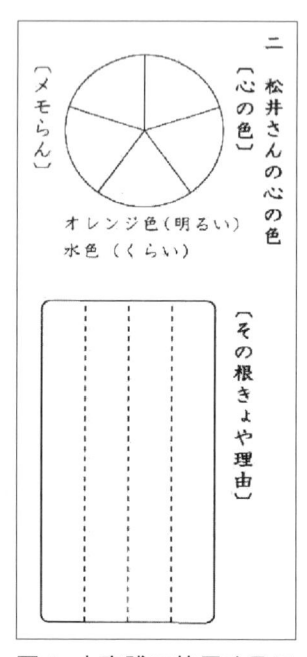

図1　本実践で使用するスケーリング

グを活用することで、子どもが、松井さんの心情に迫っていくようにしたい。

(2) 学習者に「判断」をうながす発問

子どもが、松井さんの心情に迫るように、次の4つの発問を考えた。その際、2(1)で述べたスケーリングを活用して、松井さんの心情を色の割合で表現させ、その判断基準を述べさせたり、友だちと考えを交流させたりしたい。

――「判断」をうながす発問①――

「お客と話しているときの松井さんの心の色は？」をスケーリングで問う

この発問によって、子どもは、松井さんの人柄をとらえたり、夏みかんを送った母親の心情に思いを馳せたりするであろう。

――「判断」をうながす発問②――

「夏みかんを帽子に入れたときの松井さんの心の色は？」をスケーリングで問う

この発問によって、子どもは、蝶の代わりに夏みかんを入れたときの松井さんの心情はもちろんのこと、蝶を逃がしてしまったときや、帽子の持ち主である男の子を思い浮かべたときの心情にも気付き、その心情の変化をとらえていくだろう。

――「判断」をうながす発問③――

「女の子と男の子の心の色は？」をスケーリングで問う

文学教材を扱った授業では、登場人物相互の関係をとらえることも大切である。

そこで、叙述を基に、対象人物である女の子と男の子の心情をとらえさせ、松井さんの心情と比較させる。そのことによって、3者の立場と心情の違いや、関係性がより鮮明になるであろう。

――「判断」をうながす発問④――

「『よかったよ』を聞いたときの松井さんの心の色は？」をスケーリングで問う

「女の子は蝶だったかもしれない」と想像させる最後の場面である。子どもは、教材文全体の言葉や文脈に意識を向けながら、松井さんの心情や教材文の構造についての考えを語るであろう。

(3) 音読劇で表現に開く

音読劇とは、必要に応じて身体表現を取り入れ、「なぜ、そのように読むのか」などの音声化の工夫に重点を置いた劇のことである。

子どもが、松井さんの心情の変化などに気付くためには、教材文全体をまるごと味わう機会も必要である。

そこで、子どもが、松井さんの心情について考えたことを総合的に表現する場として、授業参観で音読劇をすることにした。子どもは、「松井さんの心情をとらえ、親に音読劇で伝える」という明確な目的をもち、スケーリングの学習に更に意欲をもって取り組むであろう。

なお、子どもが、スケーリングを使った学習と音読劇との関連を意識できるように、第二次の授業の終末に、学習場面を音読することにした。それは、自分の考えに基づいた読み声を友だちと交流する場になり、学んだことの定着も期待できる。

3. 人物の心情を直接問わない文学の授業の単元計画（全10時間）

第一次第1時　教材文を読み、粗筋を1文で表す。そして、単元のめあてを確認する。

　　　第2時　音読の練習をする。

第二次第3時　夏みかんのにおいに注目し、ファンタジーの構造をとらえる。

　　　第4時　お客と話しているときの松井さんの心の色を考え、話し合う。

　　　第5時　夏みかんを帽子に入れたときの松井さんの心の色を考え、話し合う。(本時)

　　　第6時　松井さんや、女の子と男の子の心の色を比較して考え、話し合う。

　　　第7時　「よかったよ」を聞いたときの松井さんの心の色を考え、話し合う。

第三次第8・9時　学びを生かし、音読劇の練習をする。

　　　第10時　音読劇発表会を行う。

4. 本時の授業展開（5/10時）

(1) 本時の目標
- 「がっかり」や「わらいがこみ上げて」などの言葉に注目して教材文を読み、友だちと考えを交流することで、夏みかんを白い帽子の中に入れたときの松井さんの心情や、その変化をとらえることができる。

(2) 本時の授業づくりのポイント
子どもが、松井さんの心情や、その変化をとらえることができるように、スケーリングを活用する。

具体的には、まず、「夏みかんを帽子に入れたときの松井さんの心の色は？」と、子どもに判断をうながす発問をする。次に、松井さんの心の色をオレンジ色（明るい気持ち）と水色（暗い気持ち）の2色の割合で表現させる。

そして、オレンジ色を多め（3/5以上）に塗ったグループと水色を多めに塗ったグループに分け、その色の割合にした根拠や理由を明らかにさせながら、友だちと意見を交流させる。

さらに、終末に、音読劇との関連を意識させながら、本時で学んだことを生かして音読させることで、学んだことの定着を図る。

これらの手だてを講じることによって、子どもが、自分の考えを友だちと語り合うようにしたい。

(3) 展開
①教材文を音読し、本時の学習課題「夏みかんを帽子に入れたときの松井さんの心の色は？」を設定する。
②各自で、松井さんの心の色をスケーリングで表現し、その根拠や理由をまとめる。
③オレンジ色優勢派と水色優勢派に分かれ、学級全体で松井さんの心の色について意見を交流する。

〔予想されるオレンジ色優勢派の意見〕
- 「わらいがこみ上げて」とあるから、楽しくてたまらないと思っている。

〔予想される水色優勢派の意見〕
- 「がっかり」「かたをすぼめて」とあるから、落ち込んでいる。

④学級全体で話し合ったことを基に、学習のまとめをする。
⑤本時の学習を生かして音読の仕方を工夫し、発表する。

(4) 板書計画
松井さんの心情や、心情の変化に気付くために、オレンジ色優勢派と水色優勢派の意見を比較するなど、立体的な板書を計画した（図2）。

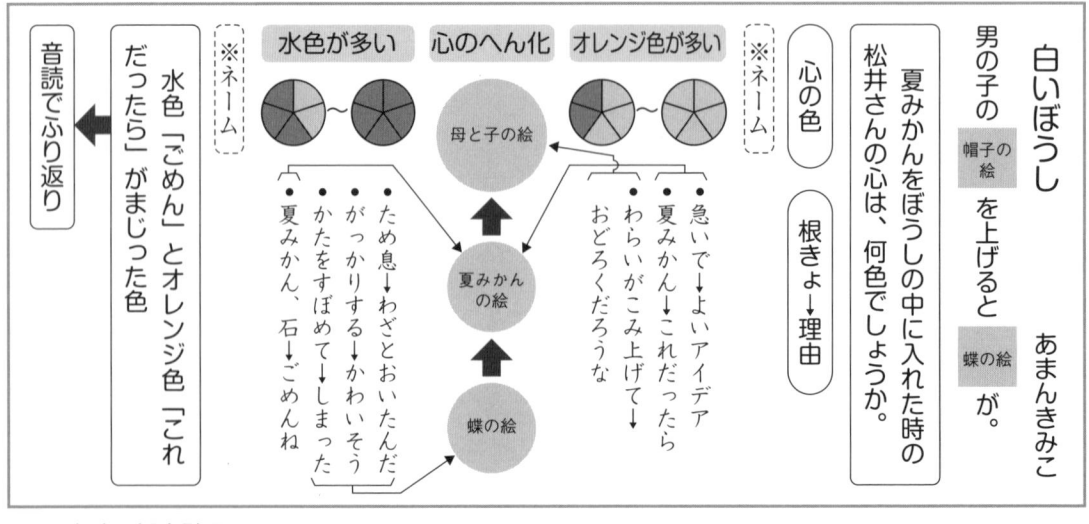

図2 本時の板書計画

5.「スケーリングの活用」で「判断」をうながし、人物の心情に迫った授業の実際

(1) スケーリングで子どもに判断をうながす

　授業導入時は、まず、「お客を降ろしたあと、松井さんに、どのような出来事が起きただろう」と発問してから、教材文を音読させた。次に、松井さんが白い帽子をつまみ上げたことで、その中にいた蝶が逃げてしまったことや、蝶の代わりに夏みかんを入れたことを確認した。

　その上で、子どもに、次のような発問をした。

> T　夏みかんを帽子に入れたときの松井さんの心の色は、何色でしょう。

　発問に対する考えは、ワークシートのスケーリングを使って、色（オレンジ色や水色）で表現するようにと指示した。また、その割合で色を塗った根拠や理由をまとめさせた（図3）。

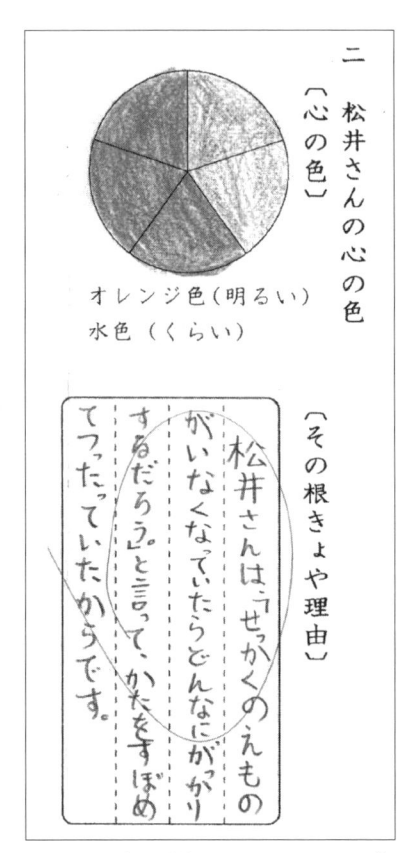

図3　子どもが書いたスケーリング

　スケーリングを活用した結果、授業に参加した34人全員が、自分の考えを色で表現することができた。これまで考えを表現することに躊躇していた子どもも、教材文を読みながら、スケーリングに色を塗る姿が見られた。

　子どもの意見を、オレンジ色優勢派と水色優勢派に分類すると、次のような結果になった（表1）。

表1　スケーリングで出た子どもの主な意見

〔オレンジ色優勢派（14人）の根拠や理由〕
- C　「急いで」とあるから、松井さんは「良いアイデアが浮かんだ」と思っている。
- C　おふくろがくれた大切な夏みかんなら、男の子は許してくれると、松井さんは思ったから。
- C　夏みかんを帽子に入れた後、「ひとりでにわらいがこみ上げてきました」と書いてあるから。　　　　　　　　　など

〔水色優勢派（20人）の根拠や理由〕
- C　松井さんは、「せっかくのえものがいなくなっていたら、この子は、どんなにがっかりするだろう」と思っているから。
- C　松井さんは、「かたをすぼめてつっ立っていた」から。
- C　大切な夏みかんをあげることになったから。
- C　松井さんは優しい性格だから、後悔していると思う。　　　　　　　　　　　　など

　表1から、オレンジ色優勢派は第1～4の場面の言葉、水色優勢派は第1、2の場面の言葉を中心に、理由付けをしていることが分かる。

　これらのことから、スケーリングを活用して、視点人物の心情を色の割合で表現させる手だては、子ども1人1人の考えを表現させることに効果的であったと考える。また、「夏みかんを帽子に入れたときの松井さんの心の色は何色？」と発問することによって、子どもは、教材文全体の言葉や文脈に、自然と意識を向けることができた。

(2) スケーリングで友だちと考えを交流する

各自で、松井さんの心の色をスケーリングで表現させた後、まず、オレンジ色優勢派と水色優勢派、それぞれの立場の子どもに、根拠や理由を発表させた。次に、討論形式で、考えを交流させた。

T　まず、「オレンジ色が多い」人から、「水色が多い」人に質問をどうぞ。
C　「夏みかんをあげることになって、がっかりした」という意見に質問です。もらった夏みかんは1つだけではないので、松井さんは、そんなにがっかりしていないと思うけれど、どうですか。
C　確かに、1つだけじゃないけれど……。でも、1の場面で「いちばん大きいのを」と書いているから。
C　はい。お母さんからもらった夏みかんの中でも、一番大きいものだから、松井さんにとって大切な夏みかんだと思います。
C　そうそう、蝶を逃したお詫びに。
C　男の子が喜ぶと思って。
T　松井さんは、男の子が喜ぶって思って、大切な夏みかんをあげたの？
C　松井さんは優しいから、そうしたと思う。
C　じゃあ、オレンジ色の方が多いじゃない。
C　でも、松井さんは、男の子の蝶を逃がしてしまって、肩をすぼめています。
C　結構、落ち込んでいる。
C　松井さんはいい人だから、男の子に悪いなあと思っています。
T　それでは、松井さんの心は、オレンジ色も、水色もあるっていうことかな？
（中略）
T　次は、「水色が多い」人から、「オレンジ色が多い」人に質問をどうぞ。
C　「ひとりでにわらいがこみ上げてきました」という意見に質問です。松井さんは笑ったけれど、本当は、心から笑っていないと思います。どうですか。

C　そうそう、普通だったらひどいよ。
C　松井さんは、大笑いしていません。「ふふふっ」と笑っています。男の子が驚いた様子を想像して、ちょっと楽しくなったと思います。
C　そうそう。「わらいがこみ上げてきました」と書いてあるよ。
T　「こみ上げてきた」という言葉は、みんな、どういうときに使う？
C　ううん、「じわじわっ」というとき。
C　我慢できない。
T　松井さんは、何に我慢できないのかな？
C　びっくりした男の子を考えると、おかしくてたまらない。
C　でも、大笑いしていないから、心からおもしろいとは思っていないはず。
C　男の子に「ごめんね」という気持ちもあると思います。
（中略）
T　最初の課題に戻るよ。夏みかんを帽子の中に入れたときの松井さんの心の色は？
C　オレンジ色と水色が混じっている。
C　はい。蝶を逃がしてしまったときは、水色が多いけれど、夏みかんを帽子の中に入れたときは、オレンジ色も少し増えます。
（後略）

子どもの発言を聞くと、叙述を根拠に、自分なりに理由付けをしながら考えを述べていることが分かる。また、友だちと話し合う中で、教材文全体の言葉や文脈を基に、松井さんの心の揺れや変化に気付くなど、視点人物の心情に迫る姿が見られた。

一方、読むことに苦手意識をもつ子どもも、友だちの考えにうなずいたり、隣の友だちと相談したりするなど、意見交流に関心をもつ姿が見られた。スケーリングで自分の考えを表現したからこそ、友だちの意見に関心があったと考えられる。

(3)「読み声の交流」（音読）で開く

授業の終末では、本時で学習したことを基に、

音読の仕方を工夫し、発表する場を設定した。

具体的には、まず、松井さんが帽子の中に夏みかんを入れた2の場面を、どのような気持ちを込めて音読するか、改めて考えさせた。次に、その気持ちが友だちに伝わるように、教材文に音読記号を記入させてから練習をさせた（図4）。そして、時間の都合上、1人の子どもを指名して、学級全体の場で音読させた。

代表で音読した子どもは、「松井さんのがっかりした気持ちと、『夏みかんで許してね』という気持ちの違いに気を付けて読みます」と発言してから、音読を披露した。その後、子どもから「松井さんの気持ちが伝わった」などの感想が挙がった。

このことから、子どもは、松井さんの心情や、その変化について考えたことを読み声に開きながら、学んだことを振り返ることができたと考える。

6. 実践の成果と今後の展望

本単元の最後に、授業参観で、「白いぼうし」の音読劇を保護者に披露する場を設定した。

自分の考えを表現することが好きな子どもは、表情豊かに、そして、苦手意識をもっている子どもは、言葉1つ1つに気を付けながら、生き生きと表現していた。参観した保護者は、子どもの読み声に感心したり、ユーモア溢れる動作に笑ったりしながら、終始、笑顔や拍手でいっぱいであった。

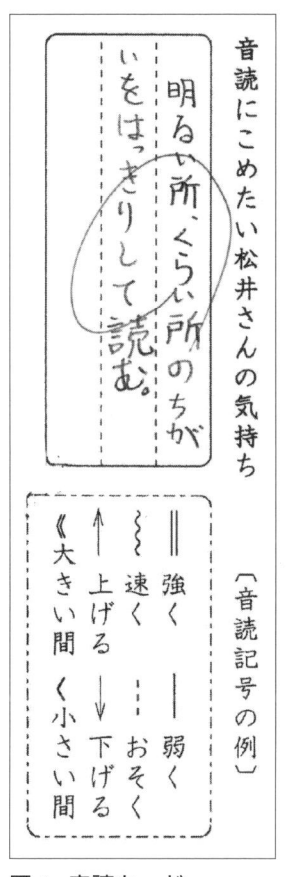

図4 音読カード

音読劇の様子

音読劇の後、子どもに本単元の感想を尋ねると、「みんな、松井さんの気持ちが伝わるように工夫して、音読劇をしていた」や「松井さんの気持ちを考える授業が楽しかった」などの声が挙がった。

以上のことを踏まえ、本実践の成果をまとめると、次のとおりである。

◎スケーリングを活用することによって、どの子どもも、自分の考えを表現しやすくなることが分かった。

◎人物の心情を直接問わないように発問を工夫し、スケーリングを活用することによって、子どもは、教材文全体の言葉や文脈を意識しながら、視点人物の心情に迫っていくことが分かった。

◎音読や音読劇など、自分の考えを読み声に開くことによって、学んだことが定着したり、学習への成就感を味わったりすることができた。

一方、次のような課題もある。

●スケーリングを5段階にしたが、それが適切であったか、検討が必要である。

●本単元及び1単位時間の学習内容の量が適切であったか、検討が必要である。

本実践を通して、子ども1人1人が、生き生きと自分の考えを語る姿が、何よりもうれしかった。今後も、学級の実態や教材の特性に応じて、スケーリングの活用方法や発問を工夫し、視点人物の心情に迫る文学の授業を心がけたい。

第Ⅱ部　実践編1｜小学校編

小学4年　「ごんぎつね」（新美南吉）

中心人物と対人物の関係を判断させ心情に迫る

鹿児島県薩摩川内市立川内小学校　芝　智史

1. 単元目標

- 心情の変化を、中心人物と対人物の関係で読み取ることができる。
- 心内語・情景描写・視点の転換などの観点から、心情をとらえることができる。

2. 教材・単元について

本教材は、いまさら述べるまでもない、新美南吉の代表作である。ほんの十数日間の中でのごんと兵十の関係が描かれており、起承転結がはっきりした、たいへんわかりやすいストーリーである。最後の第6場面では、それまでずっとごんに寄り添っていた視点が突然兵十に移る。もし視点の転換がなかったら、子どもたちは、兵十の心の内を理解することができないまま、殺されたごんに同情するだろう。中には、兵十に怒りや憎しみを抱くかもしれない。しかし、視点の転換によって子どもたちは、兵十のごんに対する怒り、憎しみにも触れ、2人の心のすれ違いの悲しさに心を打たれることになる。このことが、衝撃的なクライマックスに息をのみ、深い感動へとつながるのである。「ごん、おまいだったのか。いつも、くりをくれたのは」と兵十が銃を取り落とす最後の場面で、子どもたちは言いようのないやりきれなさを感じるであろう。人と人とがわかり合うことは難しい、だからこそ、それを大切にしなければならないという思いを子どもたちの中に育てたい。

この物語に登場する人物は、ごんと兵十の他は加助だけである。そのため、中心人物と対人物の関係を見取りやすい。そこで、本教材の読みを自分で選んだ物語の読みに生かす活動を設定することで「中心人物と対人物の関係で物語を読む力」を育てる単元とした。

単元の指導計画（全10時間）

時数	活動内容
第一次 2時間	・新美南吉の生い立ちや生涯について知り、「ごんぎつね」を読む。 ・単元の学習課題を設定する。
第二次 6時間	・「ごんぎつね」の設定をとらえる。 ・中心人物と対人物の関係から、2人の心情の変化をとらえる。 ・ごんと兵十の心の距離を心情曲線で表す。 ・ごんと兵十の関係を1文で表し、新美南吉のメッセージについて考える。
第三次 2時間	・自分の選んだ物語について、中心物と対人物の関係で読み、1文で表して紹介し合う。

3. 学習者に「判断」をうながす発問の「しかけ」の工夫

中心人物（ごん）と対人物（兵十）の関係をとらえながら心情を読み取るために本単元で用意した大きな発問（広げる、深める発問）を、以下にまとめる。

> 発問1：ごんと兵十の距離はどれくらいか。
> 〔意図〕各事件において、ごんが兵十にどのくらい近づいているか、具体的な距離を判断させる。そして、具体的な距離が、兵十に対するごんの心の距離と関連することに気付かせたい。

発問2：ごんが兵十にしたことは、◎か、○か、△か、×か。
〔意図〕各事件においての、ごんの行動の善し悪しを判断させる。特に、鰯を家に投げ込んだ場面では子どもの多様な判断と判断理由が期待できる。

発問3：ごんは、うなぎのつぐないをするために、最後まで兵十に栗や松茸を届け続けたのか。
〔意図〕ごんの兵十への思いの変化を判断させる。最初はうなぎを盗んだ償いからはじまったが、兵十の境遇と自分を重ね合わせて思いを募らせていくごんに気付かせたい。
　　　　　　　　→実践①　6/10時

発問4：最後の場面、ごんは、栗や松茸を持ってきているのが自分であることを、兵十に気付いてもらおうとしていたのか。
〔意図〕第6場面でのごんの心情を判断させる。前の場面で、加助と兵十の会話を聞いたことがごんにとって心の大きな転機となったはずであろう。それでも、兵十への贈り物を続けようとした第6場面でのごんの思いに迫らせたい。
　　　　　　　　→実践②　7/10時

発問5：ごんは、幸せだったのか。幸せではなかったのか。
〔意図〕新美南吉の初稿では、「ごんは、ぐったりなったまま、うれしくなりました」とある。書きなおしによって「ごんは、ぐったりと目をつぶったまま、うなずきました」に変わった。判断は大きく分かれるだろうが、2人の心のすれ違いの悲しさだけでなく、自分の思いが幾らかでも伝わったごんの喜びにも気付かせたい。

以上の大きな発問と、小さな発問（確認する発問）を効果的に組み合わせて第二次の学習を構成していく。

小さな発問例
①：「ごんぎつね」は、いくつの「事件」からできているか。
②：ごんはどうして山の中に独りぽっちですんでいるのか。
③：「二」の場面に出てきた色をノートに書きなさい。
④：第6場面で視点がごんから兵十に変わったことで、どのような効果があるか。
⑤：ごんが倒れて、かけよった兵十は、まずはじめに何を見たのか。
　　　　　　　　　　　　　　（他略）

大きな発問を使って判断させる際、下のようなスケーリングをノートに書かせ、自分の判断を視覚化させた。

スケーリングが初めての活動であることと、発達段階を考慮し、4段階で判断させることにした。そして判断の根拠を明らかにさせた。

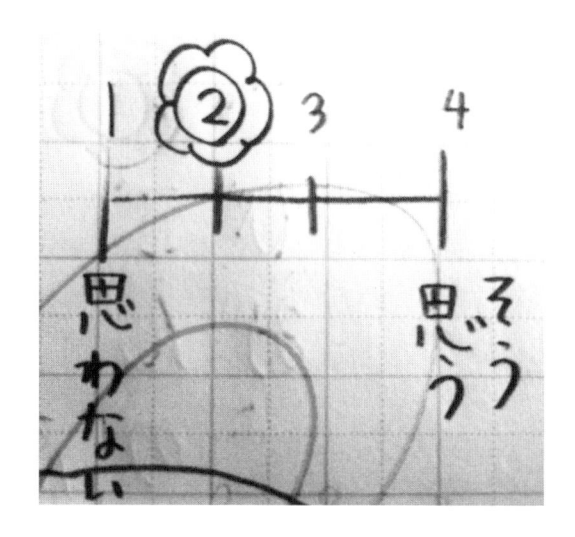

4. 心情を直接問わない授業の実際

実践①　6/10時

　本時までに、ごんが兵十への物理的な距離をどんどん近づけていく様子を読み取ってきている。大きな発問3のねらいは、ごんの届け物の意味が最初はうなぎを盗んだ償いであったが、兵十の境遇と自分を重ね合わせるうちに兵十への思慕の表れとなっていくことを読み取らせることである。しかし、ごんが直接的に兵十と仲良くなりたいとつぶやく文は1つも無い。子どもたちが、ごんのふとしたつぶやきや行動をとらえ、判断できるかが鍵となる。

> **大きな発問3**
> 　ごんは、うなぎのつぐないをするために、最後まで兵十に栗や松茸を届け続けたのか。

　発問後、各自の判断とその根拠を明らかにさせ、全体で確認した。**最初の判断は、**

```
そう思う                          思わない
  1      2       3       4
 4名    7名    11名    12名
```

となった。うなぎの償いで届け続けたととらえている子どもが、約1/3。人数を確認後、それぞれの根拠を出し合わせていった。以下は、主な発言内容である。

> 〔そう思う1、2〕
> C1　兵十がお母さんに食べさせるためにとった、大切なうなぎをとってしまったことをごんはくやんでいると思う。
> C2　自分のせいで、兵十のおっかあが死んだと思ったからすごく申し訳ないと思ったから。
> C3　「うなぎのつぐないに、まず一つ、いいことをした」と書いてあったから。
> C4　兵十にうなぎの件だけではなく、いろいろな迷惑をかけたから。
> C5　うなぎをとって悪かったと思っているところもあるし、兵十に気づいてもらって、仲良く暮らして、しっかり「ごめん」と伝えたかったから。

> 〔そう思わない3、4〕
> C6　兵十がひとりになってさみしそうにしていたから。
> C7　兵十と同じでひとりぼっち、一緒の気持ちを伝えるため。
> C8　最初は、つぐないをしていたけれど、とちゅうからは兵十と仲良くなりたいという思いから、最後まで届け続けた。
> C9　「おれと同じ、ひとりぼっちの兵十か」と思ったから。
> C10　うなぎのつぐないもあるけれど、自分と同じ1人になった兵十が、さみしかったりみじめだったりしているのではないかと思ったから。

　〔そう思う〕の根拠として、C3のように文中での独り言を根拠に挙げている子どももいる。

　しかし、それだけでは何日も続けて届けたり、月夜の晩に兵十の影を踏み踏み歩くくらい接近したりしようとするごんの思いを説明するには説得力が足りないことに気付いていくことになった。

　〔そう思わない〕のC9も同じくごんの独り言を根拠に挙げている。その言葉と、その後のごんの行動から、自分と同じ「独りぼっち」であることに対する仲間意識だけでなく、「淋しさ」に共感しているごんの様子に気付くことができている。それぞれの考えを全体で出し合っていくことを通して子どもたちは多様な判断理由に触れ自身の考えを深めたり広げたりすることができた。この後、「でも、兵十は加助に神様の仕業だと言われて納得しているみたいだね」と投げかけると、「かわいそう」「ごんは、きっと怒っている」「がっかりしている」といった反応が返ってきた。「それじゃあ、なんで、あくる日も栗や松茸を持ってい

「ごんぎつね」（小学4年）

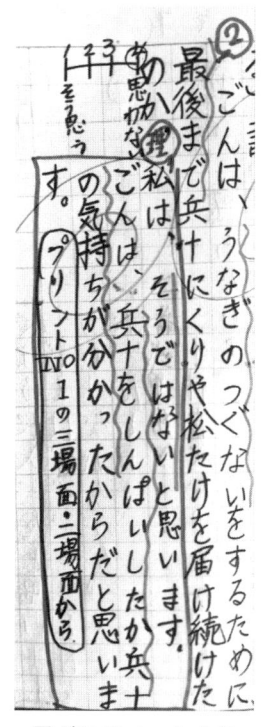

子どものノートより

「ったのだろう」と、次の時間につながる投げかけをして本時を終了した。

　全体の話合い後、発問3について、各自の判断を再考させた。**最終的な判断は、**

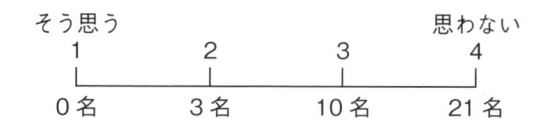

そう思う　　　　　　　　　　　　　　思わない
　1　　　　2　　　　3　　　　4
　0名　　　3名　　　10名　　　21名

となった。

実践②　7/10時

　いよいよクライマックスの場面である。前時に投げかけた「何であくる日も栗や松茸を持っていったのだろう」という質問をもう一度してみると、「兵十に気付いてほしいから」という答えがすぐに返ってきた。子どもの読みの流れから考えると、当然の反応であろう。しかし、この問いには大きなミスがあった。「あくる日も」と言う言葉はたいへん意味の深い言葉である。栗や松茸を届けているのは自分なのに、それを「神様」と決めつけられたときのごんの淋しさや無念さは十分

理解できる。しかし、それでもまた次の日にも、届け物を続けようとするごんの兵十に対する思慕や愛情を想像することはたいへん意義深い。しかし、あまりにも直接的にそれを問うために、子どもの反応が画一的になってしまった。ここは、長崎伸仁氏の提唱通り、「『そのあくる日もごんは、栗を持って、兵十の家に出かけました』の文の前につなぎ言葉を入れるとしたら、どんな言葉を入れますか」と発問するべきであろう。そう問うことで、子どもたちは、ごんの一口では言い表せない思いを、どの接続語で伝えようかと懸命に考えたであろう。

> **大きな発問4**
> 　最後の場面、ごんは、栗や松茸を持ってきているのが自分であることを、兵十に気付いてもらおうとしていたのか。

　指導者の発問の意図は、兵十にいつか気付いてほしいと願いをもちつつも、これまで通りの行動をとっているのか、兵十の視線の先に自分を映してもらうことを意識して行動しているのか、ごんの行動を根拠に判断させることである。そして、そんなごんと兵十の思いの差が悲しい結末につながっていくことをとらえさせることである。しかし、子どもたちにとってわかりにくい発問であったようで、発問時に戸惑いがみられた。言葉を補足して説明し直したが、より精選された発問になるよう工夫すべきだった。

　発問後、各自の判断とその根拠を明らかにさせ、全体で確認した。**最初の判断は、**

そう思う　　　　　　　　　　　　　　思わない
　1　　　　2　　　　3　　　　4
　27名　　7名　　　0名　　　0名

となった。ほぼ予想通りであった。しかし、「そう思う理由を、第6場面から探してみよう」と指示をした。第6場面から探すことに、子どもたちからは「ええ？」という声も上がった。

　一人調べ後、全体での話し合いに移った。

〔そう思う1、2〕
C1　前の日に「引き合わないなあ」と思ったのに、栗や松茸を持っていったから。
C2　「ごん、おまいだったのか。いつも、くりをくれたのは」と兵十が尋ねたとき、頷いたから。

発表内容が上記の2つに集中した。C1について補足を求めると、「神様と勘違いされたのが嫌だったから」「自分が届けていることに気付いてほしかったから」といった反応がほとんどであった。そこで、「自分だって伝えたい気持ちもあったのは分かったけれど、それだけかな？」と切り返した。すると、「それでもやっぱり、兵十と仲良くしたいから」「神様と言われても、喜んでほしいから」という発言が出てきた。あくる日も届け物をするごんの思いは、複雑で1つに絞り込むことはできないことを押さえた。C2については、発言内容は認めながら、「銃で撃たれる前の部分から説明して」とうながした。しばらく意見が出ない。そこで、小グループにして話し合わせることにした。そうすると、考えはあったが自信をもてずに躊躇していた子どもの意見が出てきた。

C3　わざと家に入ったんだと思います。

「それでごんは家の裏口からこっそり中に入りました」という1文を指摘した意見である。
この考えは、もし出てこなければ小さな発問で意見を引き出そうと準備していたものだ。「今まではどこに置いていたの？」の問いに反応した子どもたちが、「これまでは入り口に置いていた」と第3場面から叙述を発見して指摘してくれた。危険を冒してまでこれまでとは明らかに違うごんの積極さが短い1文から伝わってくることに子どもたちが気付いた。さらに、もう1人の子どもの意見が子どもの思考を揺さぶったようだ。

C4　栗を固めて置いたのは、わざとゆっくりと置いて兵十に気付いてほしいと思ったからだと思います。

うまくはいかなかったが、初めて兵十に贈ったのは鰯であった。その時は、「家の中にいわしを投げこんで、穴へ向かってかけもどりました」とある。その部分との比較を通して、ごんの思いを指摘したよい気付きであった。固めて置いた栗に込められた思いをもう少し引き出したくて、さらに小さな発問で子どもたちに問うた。「栗を固めて置いたのは、気付かれたいからだけかな」。すると、1人の男子がぼそっと「それだけ兵十のことが好きだから」とつぶやいた。「そうか、固めた栗にはごんのそんな思いも込められているんだね」と言いながら板書した。

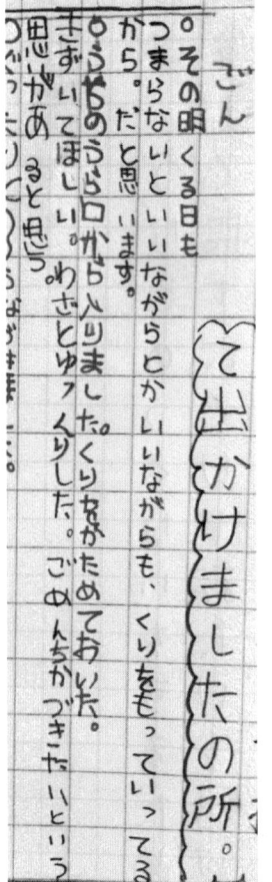

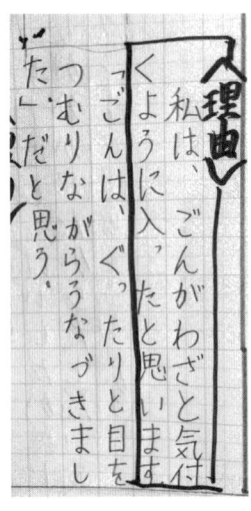

子どものノート記録

前時までに、「視点の転換」によって最後の場面は兵十のごんに対する思いが明らかになっていることに子どもたちは気付いている。その兵十の気持ちをさらに強調するために、次の小さな発問をした。「ごんが倒れて、かけよった兵十は、まずはじめに何を見た？」。子どもたちは叙述より、まず「家の中」を見たことを確認した。続けて、「どうして最初にごんを見ないで、家の中を見たのだろう？」と問うと、「またいたずらをしたのか確かめたかった」「ごんより家のことが心配だった」と口々に反応した。

「そうか、ごんはこんなに兵十のことを思っているのに、兵十はごんのことをこれくらいにしか思っていなかったんだね」とあえてゆっくりと子どもたちに話した。

この後、発問4について、各自の判断を再考させた。**最終的な判断は、**

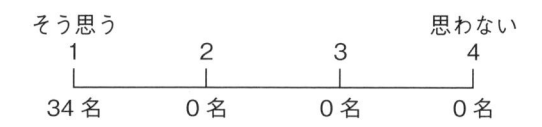

```
そう思う                              思わない
  1        2        3        4
 34名     0名      0名      0名
```

となった。

時間が来たので、次の時間につなげる投げかけを行った。「ごんの思いは兵十に届いたのかな」。短い感想を書かせて本時を終了した。

〔子どもの感想より〕
○もう死ぬんだったら、今までのことを話しておいた方が心残りが無いと思って自分のことを教えたんだと思います。思いは届いたと思います。
○栗や松茸を届けたのはごんだということに兵十が気付いてくれたから、死んでしまったけどよかったと思う。
○やっと分かってくれて安心したと思う。
○兵十が最後に気付くなんて、ごんはかわいそう。もう少し早く気付いていたら、ごんは撃たれなくてもよかったのに。
○お互いのことをよく知ったら、もっと仲良くなれたのに。

本時を終え、子どもたちなりに兵十とごんの心の距離を悲しみながらも、ごんの思いが届いたことを感じていることがわかった。本時を踏まえ、次時の活動での発問5「ごんは、幸せだったのか。幸せではななかったのか」の判断に思考をつなげていくことができた。

5. 実践の成果と今後の展望

〔実践の成果〕
○「心情を直接問わない」方法としてのスケーリング活用は、子どもたちにとって新鮮で学習意欲を向上させる要因となった。今回は4段階で判断させたが、子ども1人1人の判断の微妙な差を表現することができた。
○「大きな発問」で子どもたちに判断と根拠を迫ることにより、物語を俯瞰して読み取ろうとする姿勢を引き出すことができた。それぞれの根拠を交流させることで、子どもたちの考えの広がりや深まりが見られた。

〔今後の展望〕
○スケーリングによる子どもの判断の微妙な差を話し合いに生かす方法をさらに追究していきたい。
○「大きな発問」について、判断がより分かれるような内容を吟味する。また、よりわかりやすくより思考をうながす言葉を選ぶことにこだわっていきたい。
○板書についても、長崎氏が提案されている構造的な板書を超えた「立体的な板書」ができるよう研究・実践を重ねていきたい。

実践のポイント 小学4年

「スケーリング」「判断」で心情に迫らせる

鹿児島県姶良・伊佐教育事務所指導課長　森山　勇

　4年の文学教材「白いぼうし」「ごんぎつね」の授業実践である。両実践に共通しているのは、①スケーリングを活用して登場人物の心情を論理的に考える言語活動、②読みを深める発問の工夫である。以下、両実践の特徴について述べる。

1　「白いぼうし」(中川実践) について

　「これは、レモンのにおいですか」の書き出しで始まる「白いぼうし」のファンタジー作品の世界にどっぷりと子どもたちに浸らせたい。中川氏は、そのような教材の特性を生かした読みを構想し、学習者の考えを数値等に置き換えて表現するスケーリングを活用して、主人公の心情を論理的に考え、音読劇という形で作品世界を味わわせる授業を展開している。

(1) 発問の工夫とスケーリングの活用を通して、心情を論理的に考える

　主人公の松井さんの心情の揺れを読み取るには、「明るい気持ち」か「暗い気持ち」かを二者択一式にとらえるのではなく、両者の混在する心情を叙述に即して明確にしていくことが大切である。本実践では、松井さんの心を表した円に、オレンジ色 (明るい気持ち) と水色 (暗い気持ち) を塗らせるスケーリングの形式を活用している。「夏みかんを帽子に入れたときの松井さんの心の色は？」と、子どもに判断をうながす発問を受けて、学習者は、松井さんの「明るい気持ち」と「暗い気持ち」の割合を考えて、オレンジ色と水色を塗っていく。

　①「急いで」とあるから、松井さんは、「良いアイデアが浮かんだ」、②おふくろがくれた大切な夏みかんなら、男の子は許してくれると、松井さんは思った、③夏みかんを帽子に入れた後、「ひとりでにわらいがこみ上げてきました」と書いてある、など、オレンジ色優勢派の読みが生まれた。一方、④「せっかくのえものがいなくなっていたら、この子は、どんなにがっかりするだろう」、⑤「かたをすぼめてつっ立っていた」、⑥松井さんは優しい性格だから、後悔している、などの水色優勢派の読みも生まれている。

　授業ではこれらの異なった意見を交流させることで、松井さんの心情を論理的により深く追究している。心情を直接問わない工夫した発問とスケーリングを活用した読みの交流により、松井さんには、2つの心が混在し、揺れ動いていることを明らかにしている力強い実践である。

(2) 相手意識・目的意識の明確な音読劇

　「松井さんのがっかりした気持ちと、『夏みかんで許してね』という気持ちの違いに気を付けて読みます」と発言してから、音読劇を授業参観で行っている。保護者という相手意識、何に気を付けて読むのかという目的意識を明確にした音読劇を通して、自分の読みを豊かに表現している学習者の姿がある。4年生という発達段階を十分に生かした音読劇を、読みの総合的な表現の場としている実践でもある。

2 「ごんぎつね」(芝実践) について

　代表的な小学校文学教材である「ごんぎつね」は、これまでにも数え切れないほどの実践がなされてきた。芝氏は、ごんと兵十の心のすれ違いを考えることで、心が通じ合えることの難しさ・すばらしさを読み取らせる授業を構想した。その手立てとして、スケーリングを活用し、読みの変容を客観的にとらえさせている。

　また、「小さな発問」と「大きな発問」を組み合わせることで、「部分的・全体的な読み」と「確認的・評価的な読み」を可能にしている。

(1) 中心人物と対人物の関係に着目した読む力

　第一・二次では、兵十の距離を心情曲線で表したり、その関係を1文で表したりしながら、「中心人物と対人物の関係で物語を読む力」を育てる授業を展開している。第三次で、自分で選んだ物語を読む際にも、中心人物と対人物の関係で読む活動を位置付けている点は、本教材で身に付けた読みの力を定着させ、自力で読む力を身に付けさせるという意味からも、大変効果的である。

(2) 大きな発問と小さな発問

　芝氏は、発問には「『ごんぎつね』は、いくつの『事件』からできているか」などの文章を確認したり、情報を取り出したりする「小さな発問」と、「ごんは、うなぎのつぐないをするために、最後まで兵十に栗や松茸を届け続けたのか」など、思考を広げたり深めたりする「大きな発問」がある、と考えて、2つの発問を効果的に組み合わせて読みを深めさせている。

(3) スケーリングを活用して読みの変容をとらえる

　大きな発問3「ごんは、うなぎのつぐないをするために、最後まで兵十に栗や松茸を届け続けたのか」に対して、4段階のスケーリング(そう思う、ややそう思う、あまり思わない、思わない)で、最初の判断をさせた。「そう思う(4名)、ややそう思う(7名)、あまり思わない(11名)、思わない(12名)」の反応であった。「そう思う」の根拠として、「うなぎのつぐないに、まず一つ、いいことをした」を挙げる学習者がいた。

　一方、「そう思わない」の根拠として、「おれと同じ、ひとりぼっちの兵十か」と、その後のごんの行動から、仲間意識だけでなく、「さびしさ」に共感しているごんの様子に気付いている学習者がいた。両者の交流により最終判断は、「そう思う(4名→0名)、ややそう思う(7名→3名)、あまり思わない(11名→10名)、思わない(12名→21名)」となった。よりごんや兵十の心情に寄り添った深まった読みになっていると言ってよい。

　また、大きな発問4「最後の場面、ごんは、栗や松茸を持ってきているのが自分であることを、兵十に気付いてもらおうとしていたのか」に対して、最終判断では、「そう思う(27名→34名)、ややそう思う(7名→0名)、あまり思わない(0名→0名)、思わない(0名→0名)」となった。

　読みの交流の中で「栗を固めて置いたのは、わざとゆっくりと置いて兵十に気付いてほしいと思ったからだと思います」というごんの分かってほしい、という思いに気付いた読みが生まれている。

　これは、「心情を直接問わない」方法としてのスケーリングの活用が、深い読みを導いた実践であると言える。

小学5年 「雪わたり」(宮沢賢治)

「歌の分類」で物語の核心(主題)に迫る!!

神奈川県川崎市立富士見台小学校　土居 正博

1. 単元目標

- 登場人物の関係の変化を読み取ることや、歌の分類を通して、作品から読み取ったことを自分なりの表現でまとめることができる。

2. 学習者に「判断」をうながす発問の「しかけ」の工夫

(1) 何を、いつ判断させるか

ここで言う「しかけ」は「どのように判断させるか」ということであるが、それと同じくらい重要なのが「何を、いつ判断させるか」という問題である。それはすなわち、「単元のどの段階で何を読み取らせるか」という問題である。実践論文の域を逸脱するので詳述は避けるが、私は井上尚美氏の考え[1]に基づき、文学では「設定」→「事実の確認」→「事実と事実の関係性」→「行間を読む」→「主題（評価）」という順で読み取るようにしている。本単元もそのように構成した。

(2) 誰が重要なのかを判断させる発問(第1時)

通読し、物語の設定（人・時・場）を確認する際、登場人物を3人、重要だと思う順に並べさせ、交流を図ることとした。四郎・かん子を1位にする子と紺三郎を1位にする子との葛藤から、「それではその両者の関係を読んでいこう」と持っていきやすいと考えた。

(3) あらすじと山場を判断させる発問(第2時)

「紺三郎と出会う」「幻灯会に誘われる」「きびだんごを食べる」「仲良くなって別れる」という4枚のカードを示し、それを正しい順番に並べさせることであらすじを確認する。そして、「この4つのうち、ストーリー上絶対に外せないのはどれ？」と判断をうながした。こうすることによっ て、自然と山場へと意識がいくと考えた。

(4) 登場人物になりきって判断させる発問(第3時)

「自分が四郎とかん子だったら、迷わずきびだんごを食べられるか」と判断をうながし、「うさのくそ」とまで言われていたきびだんごを食べたことの価値を再確認させたいと考えた。

(5) 歌の作者を判断させる発問(第4時)

この物語を一見難解にしているのは、ところどころに出てくる「歌」である。そこで、歌の謎を解くため「それぞれの歌を作ったのは誰ですか」と発問することにした。そして、「キツネの大人、キツネの子ども、人間の大人、人間の子ども」の4者から判断させることとした。それを整理して表にしていき、歌同士を比較する。そしてそこから物語の核心（主題）に迫らせたいと考えた。

3. 人物の心情を直接問わない文学の授業の単元計画（全5時間）

第一次 第1時　通読し、物語の設定を確認する。登場人物を3人、重要だと思う順に書き、交流する。

第二次 第2時　あらすじを確認し、絶対に外せない出来事は何かを話し合う。
　　　　第3時　自分が四郎とかん子だったら、迷わずきびだんごを食べられるか、を考え話し合う。
　　　　第4時　歌の作り手を考え、分類・比較し、そこから感じたことを交流する。(本時)

第三次 第5時　宮沢賢治インタビュー記事を書く。

4. 本時の授業展開(4/5時)

(1) 本時の目標

作品に出てくる歌が誰によって作られたものか

を分類して比較し、そこから気づいたことを自分の言葉でまとめることができる。

(2) 本時の授業づくりのポイント

①「歌の意味が分からない」という子どもの声

前時までで、四郎たちがきびだんごを食べる場面を境として、四郎たちと紺三郎たちとの関係の深まりを読み取ってきており、子どもたちはそこからぼんやりと自分なりに物語の核心に迫ってきているだろう。しかし、この両者の関係の変化だけを読み取っていたのでは、本作品の一部分を読み取ったに過ぎない。子どもたちに初読の段階で作品の印象を尋ねると、多くの子どもが「歌の意味が分からない」と口にした。歌に何らかの意味を自分なりに見出せなければ、子どもたちにとって「何だかよくわからないところが多かったな」という「消化不良」の読みになってしまう。そこで本時では、「歌の分類」を通して歌を分析し、歌に自分なりの意味を見出させることを目標とした。

②教材研究を基に分類する歌を絞る

単に「さあ、この時間は歌の秘密を解くよ。分類してごらん」と投げかけるだけでは、できるわけがない。それが出来ないから子どもたちは困っているのである。まず、分類する対象となる歌を絞る必要があった。「かた雪かんこ。しみ雪しんこ」など、教師である私自身が意味を見出せていないものもあったからである。それらを省いて、本時で分類対象とした歌は以下の9つである。

㋐きつねの子ぁ、よめぃほしい、ほしい。
㋑きつねこんこんきつねの子、去年きつねのこん兵衛が、左の足をわなに入れ、こんこんばたばたこんこんこん。
㋒きつねこんこんきつねの子、去年きつねのこん助が、焼いた魚を取ろとして、おしりに火がつきぎゃんぎゃんぎゃん。
㋓きつねこんこんきつねの子、きつねのだんごはうさのくそ。
㋔野原のまんじゅうはポッポッポ。よってひょろひょろひょろ太右衛門が、去年、三十八、食べた。
㋕野原のおそばはホッホッホ。よってひょろひょろ清作が、去年十三杯食べた。
㋖昼はカンカン日の光　夜はツンツン月明かり　たとえ体がちぎれても　きつねの生徒はそねまない。
㋗昼はカンカン日の光　夜はツンツン月明かり　たとえ体をさかれても　きつねの生徒はうそ言うな。
㋘昼はカンカン日の光　夜はツンツン月明かり　たとえこごえてたおれても　きつねの生徒はぬすまない。

これらは、私が教材研究の段階で自分なりに意味を見出すことができた歌である。たとえば、㋐や㋓からは人間がキツネを馬鹿にしたり、悪い存在に仕立て上げようとしていたりするなど「人間大人の悪性」が読み取れる。また、㋖㋗㋘からは、キツネたちが悪い評判を覆そうと努力していて、「キツネの善性」が読み取れる。また、㋑㋒㋔㋕からは、人間、キツネ両者とも被害を受けているにも関わらず相手を攻撃するのではなく、事実のみを楽しく歌う「子どもの純粋性」が読み取れる。つまり、「人間⇔キツネ（異質）」、「大人⇔子ども」という対比関係がこの物語の奥底には存在しているのである。ここまで教材研究を進めると、「すごい！　このことを子どもたちにぜひ考えさせたい！」と興奮するが、この段階ではまだまだ授業する状態ではない。これらを子どもたちにどのように読み取らせていくか、という手だてが一切ないからである。手だてを次項から挙げていく。

③「誰が作ったか」という分類の基準を与える

分類する歌を絞っただけでは、読解力が高い子や勘の鋭い子しかそこから意味を見出すことはできないだろう。さらに手を打つ必要がある。上記のような「人間の悪性」や「キツネの善性」、「人間⇔キツネの対比関係」といったところを読み取れるようにするため、それらが際立つような手だてが必要である。そこで「これらの歌は誰が作っ

たのか」と発問することにした。この発問によって、「分類の基準」が出来、多くの子どもができるようになると考えた。

④選択肢を示す

さらに、先の発問だけでは難しいので、「キツネの大人」「キツネの子ども」「人間の大人」「人間の子ども」の4者から判断させることとした。

このように選択肢を示すことによってさらに学習活動のハードルは下がる。しかも、判断をうながすこともでき、一石二鳥である。

⑤対比関係を可視化する

そして、歌のカードを黒板にこの4者ごとに分けていき、可視化することとした。（下の板書計画を参照）こうすることによって分類に乗り遅れた子どもでも、板書を見ればそこから対比関係などに気づいていけると考えた。

(3) 展開

主な学習活動	指導上の留意点
1 本時のめあてを確認する。	・ノートに書かせる。
歌のなぞを解こう	
2 意図的に抽出した9つの歌の作り手を考える。	・「キツネの大人」「キツネの子ども」「人間の大人」「人間の子ども」の4つの選択肢を与える。
3 全員で確認していく。	・板書で歌のカードを分類しながら貼っていき、そこから比較しやすいようにする。
4 分類して分かったことや気づいたことを書く。	・なかなか書けない子には「人間とキツネ」「大人と子ども」を比べてみるよう声をかける。 ・「対比」という言葉をおさえる。
5 自分は「人間の世界」と「キツネの世界」のどちらがいいか、判断して理由とともに書く。	

(4) 板書計画

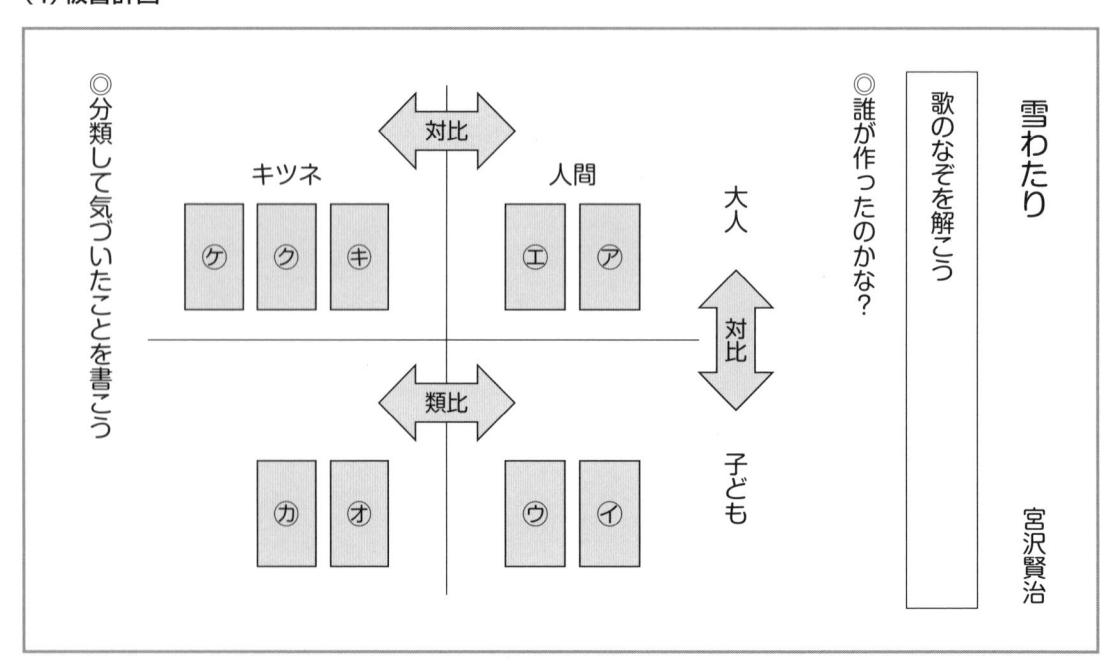

◎誰が作ったのかな？

歌のなぞを解こう　雪わたり　　宮沢賢治

◎分類して気づいたことを書こう

　　　　　　　対比
キツネ　　　　　　　　人間
ケ　ク　キ　　　　　エ　ア　　　　大人

　　　　　　　　　　　　　　対比

　　　　　　　類比
カ　オ　　　　　　ウ　イ　　　　子ども

5. 心情を直接問わない授業の実際

(1) 第1時「誰が重要か」

はじめに範読する際、物語の設定（人・時・場）にサイドラインを引かせた。その後ノートに書き出させた。その際、「登場人物は自分が重要だと思う順に書きましょう」と発問した。時と場所を簡単に確認した後、登場人物の順番を発表させると、予想通り、四郎（とかん子）を1位にする子と紺三郎を1位にする子に分かれた。

> T まず、四郎たちを1位にした人に理由を発表してもらいます。
> C 四郎たちははじめキツネをバカにしていたけど、最後にはとても変わったからです。
> C 「わらぐつの中の神様」でも勉強したように、一番変化した人が中心人物だから、四郎たちが一番重要だと思います。
> T なるほど。変化に目をつけたのですね。
> C 私は紺三郎が一番重要だと思います。紺三郎がいなければ四郎たちは幻灯会には行けなかったからです。
> C 四郎たちが変化したと言っているけど、紺三郎も、感動して変化しています。
> T たしかにそうですね。では、どちらも変わっている、と言えるね。「わらぐつの中の神様」ではマサエしか変化せず、おばあちゃんは変化しなかったけど、それでは、今回は何が変化したと言えるのかな。
> C 四郎たちと紺三郎の関係だと思います。
> T それでは、これからその関係の変化を読み取っていきましょう。

(2) 第2時「山場はどこか」

まずこの時間は、「①幻灯会に行く」「②紺三郎に出会う」「③仲良くなる」「④きびだんごを食べる」という4枚のカードを提示し、隣の子とペアで正しい順（紺三郎に出会う→幻灯会に行く→きびだんごを食べる→仲良くなる）に並べることで、あらすじを確認した。まずは歌や心情の変化は置いておき、出来事だけを確認して、子どもたちの「この物語は難しい」という思いを取り除きたかったのである。

その後、「その4枚の中で一番外せないのはどれ？」と発問し、判断させた。以下がそれぞれの意見である。

> ①幻灯会に行く（7人）
> ・幻灯会に行ったことで四郎たちと紺三郎との仲が深まったから。
> ②紺三郎に出会う（10人）
> ・紺三郎と出会わなければ物語が成り立たない。
> ③仲良くなる（0人）
> ④きびだんごを食べる（12人）
> ・紺三郎を信じて、きびだんごを食べたことで仲が深まったから。
> ・きびだんごを「食べる」ということは、キツネを「信じる」と同じことで、とても重要なことだから。

この発問で自然と子どもたちは「きびだんごを食べる」という山場に意識がいくかと予想していたが、意外に②の意見が多かった。もっとシンプルに「四郎たちと紺三郎の仲が一番変わったのはどこ？」と発問した方が良かったかもしれないと反省した。

また、この時間の授業には1つしかけをしてあった。それは「仲良くなる」という言葉である。きびだんごを食べた後の両者の関係を「仲良くなった」という言葉で表すのは非常に陳腐である。そこに気づいた子どもが、次のように発言した。

> C 僕は、きびだんごを食べる前から仲良かったと思う。だって、幻灯会に誘われるぐらいだもん。

この意見を聞いた他の子も納得していた。そこで、

> T じゃあ、四郎たちと紺三郎との関係は、きびだんごを食べることによってどのように変わったのか次の時間考えてみよう。

と投げかけた。

(3) 第3時「自分だったら迷わず食べられるか」

前時の続きで、きびだんごを食べる場面について話し合う。前時の話し合いから子どもたちは、四郎たちがきびだんごを食べることで紺三郎との関係が変化していったことを学んでいる。しかし、中には「なんでそんなことで？」と思っている子もいるであろう。そこで「自分が四郎とかん子だったら迷わずきびだんごを食べられるか」と発問し、議論することにした。この話し合いを通して、きびだんごを食べるという行為の重要性を再認識させたいと考えた。

> ○迷わない（3人）
> ・幻灯会に行くぐらい仲良くなっているから。
> ・キツネは無実の罪をかぶせられていると紺三郎が言っていたから。
>
> ○迷う（25人）
> ・「うさのくそ」と言われていたから。
> ・キツネには悪いイメージがあったから。
> ・いくら幻灯会の入場券をくれたからといってもわなかもしれないから。
> ・ヒソヒソ話をされたら、だまされているかもしれない、と思ってしまう。

そして、その後関係の変化をまとめさせた。前時で、きびだんごを食べる前からすでに仲良かったという意見が根強かったため、今回は「四郎たちと紺三郎との関係は、幻灯会の前も少し仲良かったが、四郎たちがキツネの作ったきびだんごを食べることで○○になった。なぜなら～」という形でまとめさせた。○○の部分には、

> ・より深まった
> ・親友
> ・本当に信じあえる仲

などが出てきた。

(4)「歌は誰が作ったのか」（第4時）

まず、9つの歌を子どもたちに見せ、

T　歌だから、全部人間がつくったものだよね？

と投げかけると、子どもたちは口々に、

C　違う！　キツネも作ってる！
C　教科書に、紺三郎さんのつくった歌だ、って書いてあるよ。

等と発言した。そこで課題を提示し、ついでに学習活動のモデルを示すために、紺三郎のつくった歌（㋐）を叙述とともに全員で確認し、㋐を「キツネの子ども」に分類した。その後個人で少し時間をとり、全員で共有していった。

> T　じゃあ㋐は済んだから㋕はどうだろう。
> C　㋐と同じでキツネの子どもです。
> T　そうだね。じゃあ㋑の歌は？
> C　人間の子どもです。四郎が、ぼくの作った歌だ、と言っているからです。
> T　なるほど。これはみんな納得だね。
> C　同じ理由で㋒も人間の子どもです。
> T　なるほど。ここまでは順調だね。それじゃあ㋖はどうだろう。
> C　㋖はキツネの子どもだと思います。キツネの生徒が歌っているからです。
> T　歌っているのがキツネの子どもだもんね。キツネの子どもということでいいですか。
> （何人も手が挙がる）
> C　私はキツネの大人だと思います。そねまない、って言葉、子どもには難しすぎると思います。
> C　私も大人だと思います。生徒たちが自分で「生徒たちは」って言うのは変だと思います。
> C　なんか、キツネの大人が子どものために作った教訓、っていう感じがします。
> T　教訓って何ですか。簡単に言うと。
> C　こうしなさい、っていうきまりみたいな。
> T　なるほど。確かになんか学校目標みたいだね。みんな、キツネの大人で納得かな？
> C　うん。

このような具合で整理していくと、私の教材研

究通りになった。その後分類して分かったことを丁寧に確認した後、本時のまとめと感想を書かせた。以下に代表的なものを示す。

> - キツネはすごいと思った。人間からいくらバカにされても決してやり返さず、分かってもらおうと努力しているから。
> - キツネの大人はほとんど出てこないけど、自分たちの子どもをしっかり教育することで悪い評判をなくそうしていることが分かった。

(5) 宮沢賢治インタビュー記事を書く（第5時）

学習のまとめとして、宮沢賢治とインタビュアーになりきってインタビュー記事を書かせた。これは私が読みの授業の第二次の最後に取り入れているものでそのねらいは「自ら問いをもつ」ということである。質問を自分で考え、それを作者になりきって答え、記事を書いていく、という活動である。そして必ず入れなければいけない質問として、「この作品で伝えたかったことは？」というものを設定した。子どもたちなりの主題を表現させるためである。以下にいくつか例を示したい。

> - 人は見かけで判断してはいけないこと。
> - うわさではなく、目の前の相手をどう見るかが大切だということ。
> - 恨むよりも前向きに自分を変えていくこと。
> - 自分の意志で自分を変えていくことが大切。
> - 大人の言うことを聞いてばかりいないで、自分（子ども）の生きていく道は自分で決めていくべき、ということ。

6. 実践の成果と今後の展望

(1) 成果

初読の段階と単元の終わりに2回同じアンケートを子どもたちに取ってみた。「①作品の意味が分かり、面白い」「②作品の意味が分かるが、面白くない」「③作品の意味が分からないが、面白い」「④作品の意味が分からないし、面白くない」から選択させる。結果は以下のとおりである。

	①	②	③	④
初読	3	5	9	12
終末	20	9	0	0

サンプル数は少ないが、このアンケートから分かることは2つある。

まず1つは、心情を直接問わずして、作品の主題（意味）をつかませることができる、ということである。程度の差はあれ、インタビュー記事には全員が自分なりの主題を書くことができた。アンケート結果からも、子どもたちは作品に意味を見出すことができたことが分かる。

2つめに、物語の分析をさせて、意味を見出していくことは、文学を好きにさせることにつながる、ということである。アンケート結果からもそれが分かる。何より、はじめに範読した際、「長い。読むのめんどくさい」と言っていた子どもが、第4時の歌を分類している際イキイキと何度も教科書を読み、活動していた、という教室の事実が物語っている。

(2) 今後の展望

本実践では、扱うのが難しいとされる「雪わたり」を5時間（うち読解は4時間）で、人物の心情を直接問わずして（！）物語の核心（主題）にまで迫らせることができた。しかし、今回打った手だてはまだまだ「雪わたり」専用のものであると考えている。他の教材にも使えるよう、一般化していくことが急務である。「分類」という思考法が他の教材でも有効であるかを試行していく形でそれを図っていきたい。

〔注〕

(1) 井上尚美『国語教師の力量を高める』明治図書、2005年、p.145

小学5年　「大造じいさんとガン」（椋鳩十）

「比較」と「選択」で読解する

山梨県富士吉田市立明見小学校　髙橋　達哉
東京都東久留米市立第十小学校　桑原　勇輔

1. 単元目標

- 会話文や行動描写、情景表現を根拠に人物の心情とその変化を読み取ることができる。

2. 学習者に「判断」をうながす発問の「しかけ」の工夫

(1)「比較の観点」と「選択」

　文学でも説明文でも、「比較の観点」を与えられたとき、学習者の思考は活発に働く。「違いは何か」「何がどのように変化したか」などの問いに答えるためには、該当する場面や段落を比較し、読み取ったことをもとに自分の考えを導かなければならない。そしてまた、「比較の観点」は学習者の読みの意欲を喚起する。小学校段階の子どもたちであっても、一読することで文章の大概は読み取ることができる。もちろん確認的な発問が必要な場合もあるが、分かりきったことを問う発問よりも、比較を求める発問は、子どもたちが本来もっている「考えてみたい」という気持ちをくすぐることができる。

　「比較の観点」を発問化するにあたっては、「どちらの方が○○か」「最も○○なものはどれか」等の「選択」させる発問も考えられる。これらはまさに学習者に「判断」をうながす発問であり、いくつかの選択肢が与えられる面で学習者にとって取り組みやすい課題であるとも言える。楽しく学習課題に取り組むことを通して、読みを深め、思考力を鍛えることができるのである。

　本稿では、以上の考えに基づき、「比較」や「選択」をさせることで「判断」をうながし、作品を読み深める授業について、髙橋・桑原の両実践をもって提案したい。

(2) ランキングづくり（髙橋実践　第4・5時）

　3度の戦いにおける大造じいさんの心情の変化を読み取ることを目的として、第4時で「準備が大変な作戦ランキング」、第5時で「成功させたい作戦ランキング」「がっかりした作戦ランキング」を作る活動を行った。「3つの作戦」「戦い前における心情」「戦い後における心情」という「比較の対象」を示し、それぞれのランキング名となっている「比較の観点」から思考→判断をうながした。（後に詳述）

(3) 心情曲線で表す（桑原実践　第3～5時）

　各場面の大造じいさんの心情の変化を心情曲線として表す活動を行った。4を「よい気持ち」、1が「よくない気持ち」とし、作戦前の心情と作戦後の心情を4段階の数値にして表すというものである。また、残雪によって作戦が見破られた第1、2場面と、思わぬ邪魔が入った第3場面の心情曲線とを比較し、思考をうながした。

3. 人物の心情を直接問わない文学の授業の単元計画（全5時間）

第一次　第1時　全文を通読し、作品を「○○が△△をして□□なった物語」のように1文で表し、交流する。

第二次　第2時　前書きのある教材文とない教材文のどちらの方がよいか考え、大造じいさんの人物像を読み取る。

　　　　第3時　本文中の情景表現を取りあげ、心情との関係があるかどうかを考える。

　　　　第4時　3つの作戦の内容と、各作戦にかける大造じいさんの思いを読み取る。

髙橋　第5時　2つのランキングづくりとその比較を通し、大造じいさんの心情や残雪へ

の見方の変化について考える。

[桑原]第5時 第3場面を読み、大造じいさんの心情を心情曲線に表すことを通して、その変化について考える。

4. 本時の授業展開（髙橋実践 5/5時）

(1) 本時の目標
- 2つのランキングづくりとそれを比較する活動を通して、大造じいさんの心情の変化を読み取るとともに、その変化の要因を考えることができる。

(2) 本時の授業づくりのポイント
①「比較の観点」を見出す教材研究

大造じいさんの心情に着目し、3度の戦いをそれぞれ見ていくと、戦いの《前》における心情として以下の表のようにまとめられる。

	戦い1の前	戦い2の前	戦い3の前
心情	①作戦成功への期待 ②残雪へのいまいましい思い	①作戦成功への期待 ②残雪へのいまいましい思い	①作戦成功への期待 ②残雪へのいまいましい思い
根拠となる表現	①「なんだかうまくいきそうな気がしてなりません」「むねをわくわく」「秋の日が、美しくかがやいていました」 ②「いまいましく思っていました」「たかが鳥」	①「会心のえみ」「あかつきの光が小屋の中にさすがしく流れこんできました」「しめたぞ」「ほおがびりびりするほど引きしまるのでした」 ②「あの群れの中に一発ぶちこんで、今年こそは、目にもの見せてくれるぞ」	①「うまくいくぞ」「青く澄んだ空」「にっこりとしました」「東の空が真っ赤に燃えて、朝が来ました」「わくわくしてきました」「心の落ち着くのを待ちました」 ②「さあ、今日こそあの残雪にひとあわふかせてやるぞ」

次に、戦いの《後》における大造じいさんの心情としては、以下のようになると考える。

	戦い1の後	戦い2の後	戦い3の後
心情	①感嘆	①落胆 ②残雪へのいまいましい思い	①感動 ②晴れ晴れ
根拠となる表現	①「ううむ」「思わず感嘆の声をもらしてしまいました」「たいしたちえをもっているものだな」 ②「今年こそは目	①「ううん」「うなってしまいました」 ②「今日こそ、あの残雪にひとあわふかせてやるぞ」	①「なんと思ったか、再びじゅうを下ろしてしまいました」「強く心を打たれて、ただの鳥に対しているような気
根拠となる表現	にもの見せてくれるぞ」		がしませんでした」 ②「ある晴れた春の朝でした」「おりのふたをいっぱいに開けてやりました」「おれたちはまた堂々と戦おう」「晴れ晴れとした顔つきで」

このように教材研究をしていくと、戦い《前》における大造じいさんの心情（作戦成功への期待）は、「うまくいきそうな気が……」→「うまくいくぞ」の表現や「秋の日が……」→「東の空が真っ赤に燃えて……」の情景表現の変化から、戦いを重ねるごとに高まっているように思える。一方で、戦い《後》は、戦い1、2では「感嘆」「落胆」「いまいましい」と作戦が失敗したことと連関したネガティブな心情になっているが、戦い3においては、作戦が失敗した（大造じいさんにとっての狩りの成功を「ガンを獲ること（できるだけ多く）」と仮に定義した。本来の目的は果たせていないため失敗ととらえる）にも関わらず、「晴れ晴れとした」と表現されるようにポジティブなものになっている。残雪の姿に心を動かされ、大造じいさんは戦い3においては「戦わないこと」を選んだと考えられる。そのため、戦い3については失敗とはとらえていないし、それ故に落胆もない。

このような教材研究から、「大造じいさんの『成功させたい』という思いが強い作戦はどれか」「大造じいさんが（失敗して）がっかりしている作戦はどれか」という、3つの作戦に関する「比較の観点」を見出すことができる。

②ランキングづくりで意欲的な読解を！

教材研究をもとに、《作戦の前後における大造じいさんの心情》と《戦い3における心情の変化とその要因》を意欲的に読み取り、考えさせるために、本時では「ランキングづくりとその比較」という学習活動を設定した。

ランキングづくりというのは、子どもたちが学級新聞づくり等で取り組む、様々なものの順位を

決める活動である。(髙橋は説明文教材「すがたをかえる大豆」においても、ランキングづくりの実践を行っている。『読解と表現をつなぐ文学・説明文の授業』学事出版、参照)。本時におけるランキングのテーマは、「成功させたい作戦ランキング」と「がっかりした作戦ランキング」の2つである。教材文中の表現や、時には子ども自身の既有知識、経験知を根拠としてランキングづくりをすることを通して、教材の読みを深めようとする意図がある。何よりランキングづくりは、子どもたちにとっては楽しい学習活動である。

ランキングを作成する際の児童の思考過程は、次のようになると考えている。

【成功させたいランキングづくりの場合】
どの作戦がどの順位になるのかを判断するために、

① 3つそれぞれの作戦において、大造じいさんの「成功させたい」という思いが本文中のどの部分に表現されているか根拠を探す。(思考)
② 各作戦における「成功させたい」という思いが読み取れる表現を比較し、どの作戦が上位であるかを考える。
③ どの作戦が、どの順位になるか判断し、ランキングとして表現する。
④ どのような考えのもとランキングを作成したのかという理由を表現する。

このように、ランキングづくりを行うことは、各場面における大造じいさんの心情の読みを深めるとともに、学習者に思考力・判断力・表現力を求めることになり、それらの能力の育成にも資するものになると考える。

(3) 展開

主な学習活動	学習活動の具体
1 前時の振り返り 2 本時の課題の確認 3 「成功させたい作戦ランキング」をつくる。 4 「がっかりした作戦ランキング」をつくる。 5 2つのランキングを比較し、違いが生まれたのはなぜか考える。	・前時は「準備が大変だった作戦ランキング」を作成したことを振り返る。 ・ワークシートに、1〜3位のランキングとその順位にした理由を書く。 ・作成した2つのランキングと、教師が提示したランキングを見比べ、大造じいさんの心情が変化した要因について考え、ワークシートに記入する。

(4) 板書計画

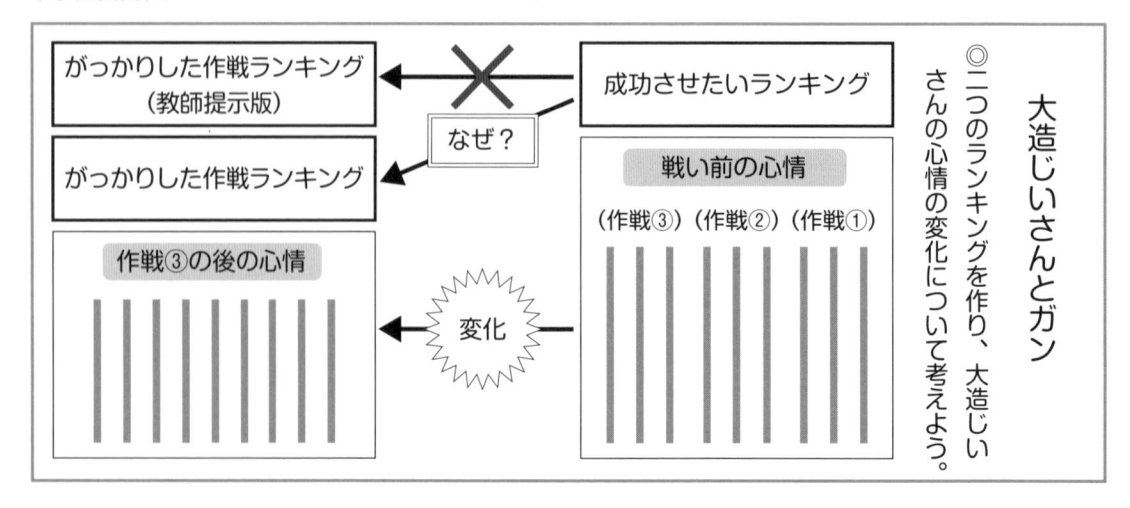

◎二つのランキングを作り、大造じいさんの心情の変化について考えよう。

大造じいさんとガン

がっかりした作戦ランキング（教師提示版） ← × ← 成功させたいランキング
　　　　　　　　　　　　なぜ？
がっかりした作戦ランキング

戦い前の心情
（作戦③）（作戦②）（作戦①）

作戦③の後の心情 ← 変化

5-1 心情を直接問わない授業の実際
（髙橋実践）

(1) 第4時「準備が大変な作戦ランキング」

ワークシートにランキングとその順位にした理由を記入後、全体で意見の交流を行った。

児童の作成したランキングの内訳は以下の通りである。（作戦1を①、作戦2を②、作戦3を③と表記）

	人数	準備が大変な作戦ランキング				
A	14	1	②タニシ	2	①ウナギ	3	③おとり
B	7	1	②タニシ	2	③おとり	3	①ウナギ
C	6	1	③おとり	2	②タニシ	3	①ウナギ
D	1	1	①ウナギ	2	③おとり	3	②タニシ

《この活動における児童の記述の一例》

> 1位のタニシばらまき作戦は、夏の内から心がけて集めたとかいてあるので、一番大変だと思いました。2位のウナギつりばり作戦は一晩中かかって準備したので、次に大変だと思いました。3位のおとり作戦は、最初にガンをつかまえてなつかせないといけないので大変ですが、ウナギつりばり作戦で捕まえておいたからこそできる作戦なので、3位にしました。

紙幅の制限があるため多くを紹介することができないが、《記述例》のような順位付けの理由を交流し、板書での整理を行う中で、「各作戦の内容や方法」について読み取るとともに、残雪へのいまいましい思いの高まりに比例して作戦の質を高めていく「大造じいさんの心情」への見方を深める児童の姿があった。

(2) 第5時「2つのランキングとその比較」
(2)-1 成功させたい作戦ランキングづくり

以下はその内訳と理由の記述（抜粋）である。

	人数	成功させたい作戦ランキング				
A	16	1	③おとり	2	②タニシ	3	①ウナギ
B	10	1	②タニシ	2	③おとり	3	①ウナギ
C	1	1	③おとり	2	①ウナギ	3	②タニシ
D	1	1	①ウナギ	2	③おとり	3	②タニシ

【グループA】の記述
- これまで作戦を2回やってきて、2回とも失敗していたから、成功させたい思いが強くなっていると思ったから、おとり作戦を成功させたいランキング1位にしました。
- 「東の空が真っ赤に燃えて朝が来ました」と書いてあって、その文は大造じいさんの心の中のやる気を表していると思いました。やる気は強ければ強いほど、成功させたいと思う気持ちがあるのではないかと考えたからです。

【グループB】の記述
- タニシばらまき作戦はタニシを5俵も集めたのだから、一番成功させたいと思ったので1位。…（中略）…3位はウナギつりばり作戦で、一晩中かかっているけど、他の2つの作戦の方が時間がかかっているから。

2回の失敗を経ている③おとり作戦が、最も成功させたい作戦だとする意見が一番多かった一方で、前時の学習を想起している子どもたちは、「タニシを5俵集めることの大変さ」は、成功したい思いが強くないと乗りこえられないと考え、②タニシばらまき作戦が1位であると主張していた。

会話文、心情や行動の描写を根拠として、またそれらを比較して、「②タニシばらまき作戦と③おとり作戦のどちらの方が大造じいさんにとって成功させたい作戦だったのか」をはっきりと明確に判断することは、もとより難しいものであると考える。本学習活動のねらいは、ランキングをつくることを通して、また話し合い活動を通して、それぞれの作戦にかける大造じいさんの心情がどのように表現されているのかを読み取ること、そして作品内における心の動きを作品中の表現を根拠に考えることである。

本時では話し合いを経て最終的に、作戦を失敗してきた時間が一番長い（2度の失敗を経験している）最後の③おとり作戦にかける思いが最も強く、これまでで最も「成功させたい」作戦だろうと結論づけるに至った。これは、本時のこの後の展開にも関わってくることであるため、授業者の意図していた結論でもある。

(2)-2 がっかりした作戦ランキングづくり

内訳は以下の通りである。

	人数		がっかりした作戦ランキング				
A	9	1	②タニシ	2	③おとり	3	①ウナギ
B	7	1	②タニシ	2	①ウナギ	3	③おとり
C	5	1	③おとり	2	②タニシ	3	①ウナギ
D	5	1	①ウナギ	2	③おとり	3	②タニシ
F	1	1	①ウナギ ②タニシ	2	なし	3	③おとり
G	1	1	①ウナギ	2	③おとり	3	②タニシ

「がっかりした作戦ランキング」づくりにおいては、理由を書く欄を設けていない。この活動は、次の「ランキングの比較」を行うための活動である。授業者としては、教材文中の「感嘆の声」「落胆」「心を打たれて」「はればれ」等の表現から、Bグループのランキングのようになると考えていた。本時でも、教材文中の根拠を確認することで、Bグループのようになることを確認した。

(2)-3 2つのランキングの比較

直接的に「大造じいさんの心情はどうして変化したのでしょうか」と問うのでは、味気ない。作成した2つのランキングを比較することで、「戦い3における大造じいさんの心情の変化とその要因」について、自然な流れの中で児童に考えさせたいと考えた。本時において話し合いを経て確定した2つのランキングは以下のようになっている。

	成功させたいランキング	がっかりランキング
1位	作戦③	作戦②
2位	作戦②	作戦①
3位	作戦①	作戦③

作戦③は「成功させたいランキング」で1位になるが、「がっかりランキング」では3位となる。本教材においてはこの順位付けが適当であると考えるが、一般的には「成功させたい」思いが強ければ強いほど、「がっかりする」思いも大きいものである。その一般的な考えを教師があえて用いて、作品の文脈にそぐわないランキングを提示することで児童に揺さぶりをかけ、「作戦③は成功させたい思いが一番強かった作戦なのに、がっかりしていないのはなぜか」という次の学習課題に意欲をつなげたいと考えた。教師の提示したランキングは以下の通りである。

	成功させたいランキング	がっかりランキング
1位	作戦③	作戦③
2位	作戦②	作戦②
3位	作戦①	作戦①

大造じいさんの心情が、教師の示した一般的なランキングのようにはなっていないことが分かると、「なぜ違っているのだろう」という思いが児童たちの読みへの意欲を喚起し、《作戦③は成功させたい思いが一番強かった作戦なのに、がっかりしていないのはなぜか》という問いに対し、以下のような読み取りをさせることができた。

- 今までいまいましくてしょうがなかった残雪が仲間のガンを助けようとしているのを見て、がっかりすることよりも残雪の頭領らしさの方が印象深くなってしまったから。
- 残雪の優しさに気づいたから。頭領としての威厳を傷つけまいと努力しているように見え、強く心を打たれたから。
- 作戦を失敗したことよりも、残雪の行動に感動している。
- 残雪が仲間のガンを守る姿から、残雪に何か大切なことを教えてもらったと思ったので、がっかりしなかったのだと思います。

5-2 心情を直接問わない授業の実際 (桑原実践 5/5時)

3つの作戦の前後それぞれにおける大造じいさんの心情について①〜④の4段階から選択させ、それを心情曲線に表す活動を行った。(①が「よくない気持ち」、④が「よい気持ち」、②と③はそれらの中間と設定した)

(1) 第3時「第1場面における心情の変化」

第1場面
《作戦前における心情》
◇④を選択
- 「今年こそ」と悔しそうにしていたが、ガンを一羽とることができて、子どものように声をあげて喜んでいるので④にした。

◇③を選択
- 作戦が（一度目は）上手くいってうれしく思ったし、胸をわくわくさせていた。でも、最初にいまいましく思っていたので④ではない。

《作戦後における心情》
◇②を選択
- 大造じいさんが感嘆の声をもらしていて、「感嘆」という意味は、ほめることなので、これはガンをほめていることになるし、あまりがっくりとはしてなく、「今度こそ」という気持ちがあると思うから。

◇1.5と表現
- 一匹も獲れなくて、しかも、釣り針の糸がみな引き伸ばされていて、感嘆の声をもらしてしまったから、②と①の微妙なところ。

第1場面では、《作戦前》で④もしくは③を選択する児童が多く、残雪へのいまいましさと最初の作戦が1度は成功したことへの喜びを理由に挙げている。《作戦後》は②を選択している児童がほとんどで、苦労して準備した作戦が失敗したことによる悔しさと残雪への感嘆の声をもらしたことを理由としていた。また、数名の児童は、「今度こそ、と思っている」「次の作戦に生かそうと思っている」等、第2場面における展開を考えの手掛かりとしていた。

(2) 第5時「第3場面における心情の変化」

第3場面
《作戦前における心情》
◇④を選択
- 第3場面では、じいさんが自分のつかまえたおとりのがんを使って、ずっと考えておいた方法ができたし、気持ちがすごく高まっているからです。

◇③を選択
- （前略）…ワクワクしているので、③だと思います。④じゃない理由は、これまで2回失敗しているので、また失敗するんじゃないかという不安があると思うからです。

《作戦前》は、ほとんどの児童が③もしくは④を選択。活動にも慣れ、自分の考えがよく書けている児童が多かった。しかし、第3場面の《作戦後》を考え始めると、「難しい……」「どうしよう」といった声が聞こえ、児童たちは数値を選択するのにとても悩んでいる様子であった。

《作戦後における心情》
◇④を選択
- （前略）残雪が助けに来て、そのとき残雪のとった行動が、大造じいさんには、ただ救わねばならぬ仲間の姿を見て、強く心を打たれ感動したから。

◇③を選択
- 大造じいさんはくやしいわけではなく、うれしいわけでもなく、残雪の行動に強く心を打たれてしまい、おとりのガンを助けてくれたことの感謝の気持ちがあると思うから、②ではなく③にした。

◇②を選択
- 残雪がおとりのがんを助けてくれて感動した。けれど、ガンは獲れなかったから。

第3場面では大造じいさんの心情が大きく変化し、うれしいや悲しいといった言葉で簡単に言い表すことは難しい。そのような心情を①〜④段階に表すという活動に難しさを感じたこと自体が、複雑な心情を読もうとしている証ではないだろうか。

6. 実践の成果と今後の展望

人物の心情を直接問わないことにこだわるためには、授業者は教材研究に力を入れる必要がある。そうすると、授業をしていて、生き生きとした楽しさを感じる。学習者にとっても、心情が直接問われない授業は、工夫が凝らされていて、ちょっと頭を使う必要があって、知的好奇心をそそられる楽しいものである。

「考えてみたい」と子どもたちが意欲的に思考を働かせる中で、自然と教材の読みを深め、思考力を育んでいくことのできる授業のあり方を今後も求め、考え続けていきたい。

実践のポイント 小学5年

「歌の分類」「比較」「選択」で物語の核心に迫らせる

鹿児島県鹿児島市立玉江小学校長　坂元　裕人

1　「雪わたり」（土居実践）について

　5年「雪わたり」（土居実践）では、「『歌の分類』で物語の核心（主題）に迫る‼」のタイトルによる力強くもユニークな実践を展開している。土居氏の実践の特長は「雪わたり」の中の「歌」に着目し、その作者を判断させるというものであり、これまでにない実践に果敢に挑戦している。この歌は、この作品の象徴であり、リズムやテンポを付与するだけでなく、テーマをも含む重要な役割をもっている。つまり、「雪わたり」の独特の世界を支える重要な要素でもある。

　授業づくりのポイントとしては、①「歌の意味が分からない」という子どもの声、②教材研究を基に分類する歌を絞る、③「誰が作ったか」という分類の基準を与える、④選択肢を示す、⑤対比関係を可視化するの5点を挙げ、分類対象とした歌を9つとした。「歌のなぞを解こう」のめあてを基に学習が展開され、「歌を分類している際イキイキと何度も教科書を読み、活動していた」との記述から、子どもたちが根拠や理由を教材文に求め、分類、整理し、人間⇔きつね、大人⇔子どもといった対比、類比関係を理解したことが分かる。

　ところで、その前の時間の活動で気になる箇所がある。「自分が四郎とかん子だったら、迷わずきびだんご食べられるか」の発問で進めた学習である。土居氏は、「きびだんごを食べるという行為の重要性を再認識させたい」と述べているが、迷わない（3人）、迷う（25人）が、どのような議論を経て、どう変容していったのかが見えない点である。また、「四郎たちがきつねの作ったきびだんごを食べることで○○になった。なぜなら～」でまとめさせた学習がある。○○に入る言葉として、「より深まった、親友、本当に信じあえる仲」を挙げているが、これから実践する者としては、むしろ後段の「～」の方が気になり、知りたい部分である。おそらく教材の叙述を基にした文章が続くと推察されるが、そこも情報提供をしてほしいところである。

　また、成果で述べているアンケートについても課題が残る。つまり「面白い。面白くない」の対象と評価基準が何なのかが判然としない。端的に言えば、表現内容なのか、表現形式なのか、学び方なのかということである。このアンケートに回答した子どもたちも戸惑ったのではと考える。

　とは言え、「雪わたり」という難教材を心情を直接問わずに、いかに子どもたちに、深く読み取らせるかという挑戦的な実践内容は大いに評価したい。高学年になると、文学教材のハードルも高くなり、思考力・判断力・表現力を駆使しながら深い解釈が求められる。そのためには、心情を直接問わない授業の展開による授業の活性化を更に推進したい。

2 「大造じいさんとガン」(髙橋・桑原実践) について

　「大造じいさんとガン」(髙橋・桑原実践) にも共感できるところが多かった。文学教材の定番であるが故に、これまで様々な実践がなされてきた。そんな中で、髙橋・桑原実践におけるキーワードは「ランキングづくり」と「心情曲線」である。まず髙橋実践では、3つの戦いの前後における大造じいさんの心情の変化に着目させ、「成功させたい作戦ランキング」と「がっかりした作戦ランキング」を作成し、比較させ違いが生じたのはなぜかを考える学習がメインとなっている。髙橋氏は、説明文「すがたをかえる大豆」でもランキングづくりの実践を行っており、そのランキングづくりを文学でも援用しようとする新たな取り組みでもある。ランキング作成における児童の思考過程は、思考・判断を往還しつつ、最終的には理由や根拠 (会話文、心情や行動の描写) を付加した表現として結実していく。

　教師が成功させたいランキングとがっかりランキングを提示し、子どもに揺さぶりをかける「作戦③ (おとり) は成功させたい思いが一番強かった作戦なのに、がっかりしていないのはなぜか」と問い、大造じいさんの心情の変化を読み取らせている。子どもたちは次のような読み取りをしたと、記述されている。

- 今までいまいましくてしようがなかった残雪が仲間のガンを助けようとしているのを見て、がっかりすることよりも残雪の頭領らしさの方が印象深くなってしまったから。
- 残雪の優しさに気づいたから。頭領としての威厳を傷つけまいと努力しているように見え、強く心を打たれたから。
- 作戦を失敗したことよりも、残雪の行動に感動している。

　子どもたちは、叙述を根拠としながら、大造じいさんの心情の変化をきちんと読み取っている。とすれば、心情を直接問わないこのような実践こそ、子どもの思考を刺激し、深い読み取りへと子どもを誘っていくこれからの文学の授業の一モデルであり、本書の趣旨に合致したものと言えよう。今後は、このようなランキング付けをすることにより、学習効果のある教材、適した教材の選定という作業が必要であると考える。

　さて、桑原実践も心情曲線というスケールを用いた手法で、心情の変化をとらえさせようとするものである。心情曲線を①～④の4段階に分け、①が「よくない気持ち」、④が「よい気持ち」、②と③はそれらの中間と設定したとのことである。この「よくない、よい」という言葉が気になる。シンプルに「プラス、マイナス」の気持ちで、子どもたちに示したいと考えるがいかがであろうか。心情曲線は、いわばフラットの状態が平常心であり、そこを分岐点として心情の浮き沈みを曲線で描くスケールの手法の1つであることを勘案すれば理にかなっているのではと考える。

　しかしながら、第3場面での作戦の前後における子どもたちの心情のとらえ方は興味深い。桑原氏が指摘しているように、この場面で大造じいさんの心情が大きく変化しており、そのことに気付いてはいるが、心情曲線の数値を選択するのに戸惑う子どもの姿が見られる。複雑な心情を言葉で簡単に表すこと、数値化することの難しさがある。とすれば、心情曲線による心情把握については、子どもの発達の段階や教材の適性 (下学年教材がより実践効果が高いと推察される) を十分考慮する必要がある。

小学6年 「海の命」（立松和平）

「大きな発問」と「スケール」を用いた判断で読みを深める

東京都練馬区立大泉第一小学校　土方　大輔

1. 単元目標

- 登場人物の関係をとらえ、人物の生き方について話し合うことができる。

2. 学習者に「判断」をうながす発問の「しかけ」の工夫

(1) 心情を直接問わない必然性

「海の命」の視点人物である太一の心情表現は決して雄弁とは言えないため、直接的に登場人物の心情を問うことは、叙述に基づくことなく手前勝手に「自分を読む」ことを助長しかねない。しかしその特徴ゆえに、逆に複線的な多様な読みが可能であるともいえる本作品の特徴を意識し、学習者の判断が、何に基づいているのかを注視しながら授業を進めていきたい。

(2) 第6場面における最初の3行が必要かどうかを判断させる発問（第2時）

前時のログライン作りにおいては、この物語が太一の漁師としての成長譚であるととらえる児童が多いだろう。確かに漁師として直接太一に影響を与えたのは"おとう"と"与吉じいさ"の2人であるが、物語のクライマックスにおける太一の葛藤を考える際に、児童にはその2人の教え以外に、母の存在も考慮させたいと考えた。母を含めた漁師以外の登場人物を意識させることは、この作品の主題をとらえさせるうえでも有効であろう。

(3) 太一が最も影響を受けたのは誰なのかを判断させる発問（第3時）

太一が影響を受けた人物として「父」「与吉じいさ」「母」の3人を取り上げ、それぞれが太一に与えた影響の度合いを1-10のスケールで示させ、そう考える理由や根拠を話し合わせる。

(4) 「村一番の漁師」と「本当の一人前の漁師」とはどちらがいい漁師なのかを判断させる発問（第4時）

物語のクライマックスである太一と大魚の対決の場面において「この魚をとらなければ、本当の一人前の漁師にはなれない」と泣きそうになりながら思った太一の思いと、最終的に「村一番の漁師であり続けた」太一とを比較させることで、太一が抱いてきた心情の変化を読み取ることにつながるのではないかと考えた。

(5) 太一は誰にも「話さなかった」のか「話せなかった」のかを判断させる発問（第5時）

物語の最後の1文を取り上げ、太一は「話さなかった」のか、「話せなかった」のかを判断させる。この判断は読者としての太一への評価を表現させる発問となるため、判断した理由や根拠をはっきりとさせながら表現させたい。

3. 人物の心情を直接問わない文学の授業の単元計画（全6時間）

第一次第1時　物語を通読しログラインで表現する。

第二次第2時　第6場面の最初の3行の効果、必要性を話し合う。

　　　第3時　太一が最も影響を受けたのは、おとう、与吉じいさ、母の誰なのかを話し合う。（本時）

　　　第4時　「村一番の漁師」と「本当の一人前の漁師」とはどちらがいい漁師なのかを話し合う。

　　　第5時　太一は生涯だれにも「話さなかった」のか「話せなかった」のかを話し合う。

第三次第6時　「海の命」とは何だったのかを話

し合った後、もう一度ログラインを書き、比較する。

4. 本時の授業展開（3/6時）

(1) 本時の目標
- 物語を通して、太一が最も影響を受けたのは、おとう、与吉じいさ、母の3人の誰なのかをスケールを使って自分の考えを表現・交流し、考えを自分の言葉で書くことができる。

(2) 本時の授業づくりのポイント

① 読者の多様な読みが存在し得るという教材としての特性

冨安慎吾は、「海の命」と読者の読みについて「太一を視点人物と位置づけながらも、語り手がその心情を雄弁には語らない物語である。その点で、読者は場面5を中心としながら、あちこちにある『飛躍』を埋めつつ、太一の行動や言葉に意味を付与して読みを作っていかなくてはならない。（中略）様々な箇所の『飛躍』をどのように読むかによって刻々と姿を変えていくものであり、その意味では、安定した読みを作りにくい作品である」[1]ととらえ、その上で「しかし、読みが安定しないその点にこそ、『海のいのち』の教材としての意義があるように考えられた」[2]と読者による多様な読みが存在しうることがこの物語の特性であると指摘している。

つまり、読者が判断し、それぞれに根拠と理由を述べることが可能なため、その妥当性を検討するにあたり、それが論理的に存立可能な主張であるかどうかを視野に入れる必要がある。逆に言えば、それだけそれぞれの読みに差異が広がる可能性を含み、互いの読みの検討のし甲斐があるという点で、判断をうながす授業に親和性が高い教材であるといえる。

② 選択肢を示す

本時においては、物語を通して、太一が最も影響を受けた人物は誰か、判断をうながす。その際、おとう、与吉じいさ、母の3者を選択肢で示した。もともと登場人物が多くない物語ではあるが、叙述の量的なものに着目すると、彼を海に導いた父か、漁の直接の師となった与吉じいさのどちらかの2者択一となる。ここに3番目の登場人物としての母を登場させることで、考えを深めるきっかけとしたいと考えた。また、この選択肢を示すこと自体が、考えをまとめにくい児童に対して思考を焦点化する効果も考えられる。母を登場させる意図については、以下に述べる。

③ 母の存在をとらえるための方策

第1時における初読の段階では、漁師としての太一の成長をとらえる読みが多くなるであろう。実際に本学級の児童のログラインからも漁師を志すきっかけとなったおとうの存在、漁の直接の師といえる与吉じいさとの関係で物語をとらえる児童が多かった。この読み自体は、素直な読みともいえるが、もう1人の選択肢となる母の存在を認識させることで、物語のクライマックスといえる巨大なクエとの対決場面での太一の葛藤や、題名にも示されている「海の命」とは何かをより多面的にとらえることが可能になると考えた。

そこで本時に臨むにあたり、前時となる第2時においては、第6場面の最初の3行の効果を問うた。この部分の叙述の有無による読みの変化について検討することで、児童は母の存在にも着目しながら、太一の成長を考えることとなった。この活動を受けて、本時の問いである「太一が最も影響を受けたのは、おとう、与吉じいさ、母の誰なのか」を問う素地がようやく整ったといえる。

④ 判断の表現のさせ方としてのスケールの利用

本時においては、3者の判断を1-10のスケールを利用して、数値で表現させた。当初は、3者の内訳を円グラフに表すことも検討したが、それより、3者それぞれの太一に与えた影響を判断することを優先して、それぞれについてスケールで表現させる方が効果的だと考えた。ただし、その判断の必然性を担保するために、発問自体は「太一が影響を最も受けた人物は誰だろう」と3者のうちから選ぶ内容とした。

本時のように、自分の考えを度合いとしてスケ

ールで表すことは、自分の考えを客観的に可視化させるだけでなく、自分の考えを深める手立てとしても有効であると考える。実際に太一の影響を考えたときには、もちろん3者それぞれが大きな影響を及ぼしていることは間違いない。しかし、そこで「最も影響を受けたのは」と順番を考えさせることで思考を揺さぶることができる。その思考を支えるのが、スケールである。単純な3者択一を迫るのではなく、何がどのように影響を及ぼしているのかを叙述に即して、論理的に判断することを可能にするのである。

加えてこのスケールは、その後の話し合いを充実させるうえでも有効であると考える。同じ数値で判断していても、その根拠や理由は様々である。スケールを通した交流で自他の判断の妥当性を再検討しながら、読みを深めていくことを可能にするのである。

(3) 展開

主な学習活動	指導上の留意点
1 本時のめあてを確認する。	・ノートに書かせる。

太一が最も影響を受けた人物は誰だろう	
2 物語を通して、太一が最も影響を受けた人物は誰なのかを判断する。 ・おとう ・与吉じいさ ・母	・おとう・与吉じいさ・母の3人を選択肢として示す。 ・影響を受けた度合いを1〜10のスケールで表現する。
3 スケールの数値と理由を発表し、その妥当性について話し合う。	・スケールでの判断を数値別に板書して、判断の共通点や相違点を話し合わせる。その際、数値が同じかどうかだけではなく、判断の根拠の妥当性を意識し話し合わせるようにする。
4 最も影響をうけたと考えた人物とその理由について自分の判断と理由を書く。	・話し合いを踏まえて、自分の判断と根拠を明確にして書かせる。

(4) 板書計画

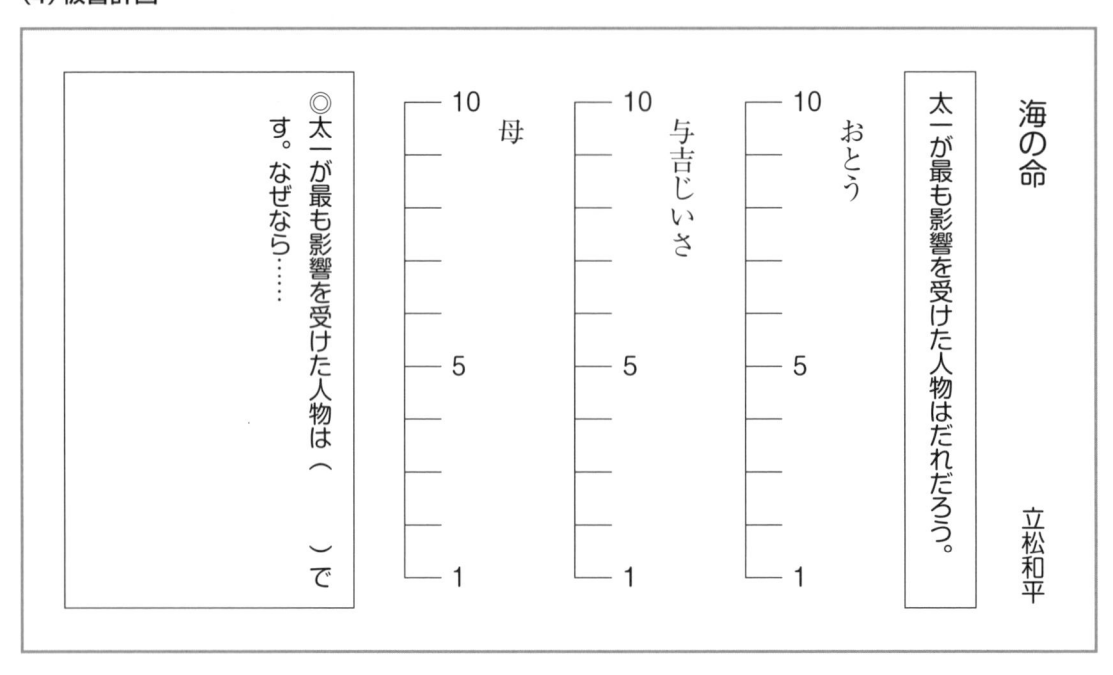

海の命　　立松和平

太一が最も影響を受けた人物はだれだろう。

おとう　10―5―1
与吉じいさ　10―5―1
母　10―5―1

◎太一が最も影響を受けた人物は（　　）です。なぜなら……

5. 心情を直接問わない授業の実際

(1) 第1時「ログライン作り」

　本単元は、確認など全体の読みの基盤を整えるための発問も必要に応じては、当然投げかけていくものの、単元全体を終始物語の全体を視野に入れながら多答を可能にすることで思考を揺さぶり深めることを目的とした「大きな発問」で通していく学習とした。

　そこで第1時の初読の段階から、物語全体を視野に入れながら緊張感のある読みを作ることを目的に、自分の読みをログラインで表現させることとした。あらかじめログライン作りをすることを児童に知らせ、その視点で読み取らせた。そして登場人物を確認した後、ログラインを作らせた。出来上がったログラインは、ほぼ全員が主語を「太一が」でとらえており、この物語を「太一が漁師として成長していく物語」ととらえている児童が多いことが分かった。

> - 太一が父の死、与吉じいさの死をむかえて、屈強な若者になった話。
> - 太一が父の死を乗り越えて、村一番の漁師になった話。
> - 太一が、父を破ったクエを取ろうとするが、海の命だと気付き、村一番の漁師であり続けた話。
> - 太一が、一人前の漁師になりたくて、でも本当はなれなかった話。
> - 太一が、父の代わりに海で生きる話。

　出来上がったログラインを読み合い、同じ主語であっても、物語の結末をポジティブにとらえるかネガティブにとらえるか、父と与吉じいさのどちらが、もしくは両方がログライン上に表現されているかどうかなど、意見の相違があることに気付いた児童が多く、次時への意欲が高まった様子が感じられた。

(2) 第2時「第6場面の最初の3行の効果を問う」

　前時のログライン作りでは、初読段階でもあり、交流を通して読みの視点を新たに獲得した児童もいるとはいえ、人物同士の関係をとらえきれていない児童も見受けられた。また太一の母の存在を表現する児童はいなかった。

　そこで、ここでは第6場面の最初の3行の効果を問う発問を示した。第6場面の最初の3行とは、次の叙述である。

> 　やがて、太一は村のむすめとけっこんし、子どもを四人育てた。男と女と二人ずつで、みんな元気でやさしい子どもたちだった。母は、おだやかで満ち足りた、美しいおばあさんになった。

　この3行の叙述があるのとないのとではどのような違いがあるかについて交流した後、必要性の有無を判断させた。交流の中では、この叙述に注目したことで太一の話であるととらえていた読みから、父→太一→子どもたち、さらにその父の前の男たちという時間の流れのなかで「海の命」をとらえようとする読みに変化したなどの意見も出された。その後の必要性の有無の判断では、必要であるととらえた児童が多かったが、なければないでそのような物語としてとらえることもできるとして、必要ないと判断する児童も見られた。

> - 必要である。なぜならこの3行がないと、太一は一人前になれないまま不幸な人生を送った印象になり、ある時とイメージが大きく異なるから。
> - 必要である。なぜならこれがなければ、最後の「生涯だれにも話さなかった」の記述が不自然なものとなる。
> - 必要である。なぜならここがないと太一の母がその後どうなったかがわからないから。
> - 必要ない。なぜなら題名でもある「海の命」と関係がないし、なくても次の話につながると思うから。

(3) 第3時「太一が最も影響を受けたのは誰か」

　前時を受けて、太一の成長には様々な要因が存

在することがわかってきたが、その中で太一が最も大きい影響を受けた人物は誰かを問い、①おとう、②与吉じいさ、③母の3者を選択肢として示した。その判断に際して、1-10のスケールを示した。

交流では、それぞれの人物について同じ数値を選んでも理由が異なったり、逆に同じような根拠でありながら違う数値を示していたりと、各自の判断を可視化したことにより、各々が自分の考えを相対化できるようなり、自分の考えを練り直すことができるようになった。その際に、おとうへの言及で出た「本当の一人前の漁師」と与吉じいさの言った「村一番の漁師」についてどちらがいい漁師なのかの疑問も出たことから、次時の話題とすることとした。また、母を10とした意見では「母が自分の思いを言わなければ、太一も父のように死んでいたと思う」との根拠や理由づけが示され、母についての数値を変更する児童も多くみられた。

その後、交流を踏まえて太一が最も影響を受けた登場人物を判断させたところ、おとう：18人、与吉じいさ：20人、母：2人との結果となった。最終的に判断した人物が、当初の数値の高低とは異なった児童もいたことは交流の効果を改めて確認できる機会となった。

(4) 第4時「"村一番の漁師"と"本当の一人前の漁師"とはどちらがいい漁師なのか」

前時においての意見を受け、「村一番の漁師」と「本当の一人前の漁師」とはどちらがいい漁師なのかを巨大なクエと対決するクライマックスの場面を判断させることを通して検討した。

「本当の一人前の漁師」になれなかった太一が結果として「村一番の漁師」になったという読みを示す児童や、「本当の一人前の漁師」になりたかった自分を乗り越えて「村一番の漁師」になることを選んだ太一と読む児童、そこから父と与吉じいさはどちらがいい漁師なのかという議論に発展し、もぐり漁師である父と一本釣りで魚を釣る与吉じいさとの違いに着目する児童も現れた。

最後に「村一番の漁師」と「本当の一人前の漁師」についての自分の考えを書かせると、「村一番の漁師」の方がいい漁師であると判断した児童が40人中35人であり、太一の選択を積極的に支持しようとする児童の読みが多い様子が見てとれた。

(5) 第5時「太一は誰にも"話さなかった"のか、"話せなかった"のか」

> 巨大なクエを岩の穴で見かけたのにもりを打たなかったことは、もちろん太一は生涯だれにも話さなかった。

この物語の最後の1文に着目し、太一は「話さなかった」のか「話せなかった」のかを問いかけた。ここまでの読みの中で、太一の成長を肯定的に受け止めようとする読みが多くなってきていたため、「"もちろん"という言葉は必要ですか」と"もちろん"の有無による印象の違いも考えさせた。必要だと考える理由として「これ（クエとの遭遇）を言うと太一は村一番の漁師ではなくなってしまうかもしれないからわざと言わない」「"もちろん"があることで、クエと自分だけの秘密であることを太一が大切にしてい

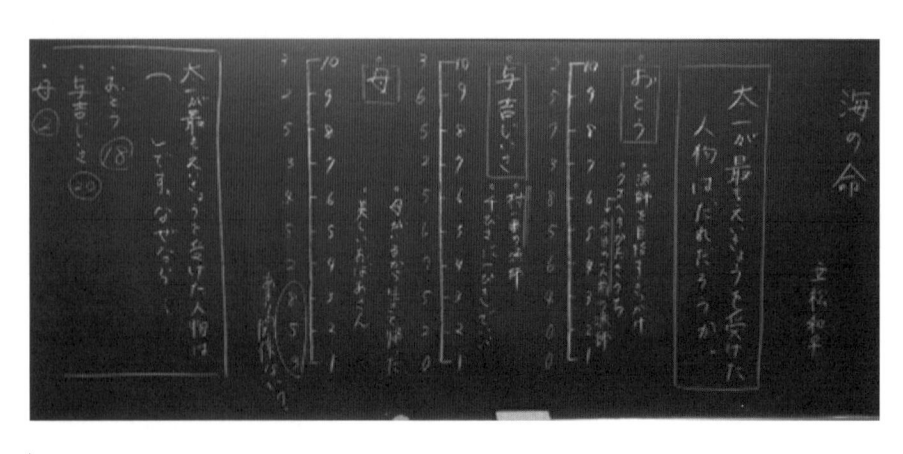

ることがわかる」などがあげられた。さらに「"もちろん"がないと巨大なクエの存在を忘れてしまったという印象をあたえる」と積極的に必要性を訴える意見も聞かれた。

結果的に、「話さなかった」のか「話せなかった」のかについては、ほとんどの児童が「話さなかった」を選択することとなった。

- 話さなかった。なぜなら太一自身が自分で選び取ったように、海の命を子どもたちにも自分で感じてほしかったから。
- 話さなかったのは、クエと自分だけの秘密だから。
- 話さないことで、海の命を守り抜いた。
- 話せなかった。なぜならクエを捕まえなかった罪悪感が太一にあったから。

複数の児童の言葉の中に「海の命を守るため」との表現が見られたため、次時において題名でもある「海の命」をどうとらえているかについて意見を交流することとした。

(6) 第6時「"海の命"とは何だったのか」を考え、ログラインでとらえなおす。

前時の交流を受けて、海の命とは何かを検討した。「海のめぐみだからなあ」「千びきいるうち一ぴきをつれば、ずっとこの海で生きていけるよ」との父や与吉じいさの言葉と「大魚はこの海の命だと思えた」との叙述を比較させた。「海の命とは海草なども含めた生き物そのもののことではないか」「海に生きてきた漁師たちすべての命である」などの意見が出された。

そして単元全体の学習を振り返りながら、もう一度ログラインで表現することとし、初読の際のログラインと比較させ、自身の読みの変化や深まりをとらえさせた。

- 太一が母の苦しみを背負いながらも父を求め、また会うために父を守り続けた話。
- 太一が息子のことを思い、あえてクエの話をしなかった、海に生きる親子の話。
- 太一が、海の命と出会い、大きく成長した話。

初読の段階に比べ、母や家族の、また時間的なつながりを意識した表現が多くみられ、単元を通しての読みの変容を実感していたようであった。

6. 実践の成果と今後の展望

(1) 成果

大きな発問で判断でしかけ、それを可視化できる表現に開いていくことで、子どもたちは互いの考えの共通点や相違点に着目しやすくなり、さらに交流を通して自身の考えを練り直すことも可能になった。また、単元のねらいを、登場人物の関係をとらえることに焦点化し、それを意識した「大きな発問」で通すことで、子どもたちは毎時間物語全体の大きな流れを自然と意識し、自然と叙述に返り読みを深めることができた。そのため詳細な読解に陥ることなく、比較的長いこの物語を6時間で読み通すことができたことは成果ととらえてよいのではないか。

(2) 今後の展望

本単元の判断をうながす展開は、複線的な読みが成立しやすい「海の命」という教材の特性によるところが大きいのではないか。逆に、その特性ゆえに、読みの差異を意図的にとらえ、構造的に交流を活発化させる手立てを、より計画的に講じる必要があった。

加えて、先に6時間で読み通すことができた点を成果としたが、第5時や第6時の扱いを精選すればさらに展開がシンプルとなり、結果的に時数をスリム化することもできたのではないかと感じる点を今後の課題としたい。

〔注〕
(1)(2) 冨安慎吾 [2011]「文学教材における読みの可能性についての検討:立松和平「海のいのち/海の命」の場合」(島根大学教育学部紀要. 教育科学・人文・社会科学・自然科学 44 別冊、43-54、2011-02-25)

小学6年 「きつねの窓」(安房直子)

「比較」を用いた読みの指導で思考の深化をうながす

東京都八王子市立加住小中学校　三浦　剛

1. 単元目標

- 比較を通して登場人物の関係性や心情、場面展開を読み取るとともに、優れた情景描写を把握し、自分の考えをもつことができる。

2. 学習者に「判断」をうながす発問の「しかけ」の工夫

(1)「比較」による思考の活性

　本教材は、「現実と非現実」、「はじめの『ぼく』とおわりの『ぼく』」、「ぼくときつね」、そしてシンボリックに描かれる「青」という色彩の対比や類比の関係など、比較の「軸」となる点が各所にちりばめられている。こうした比較の軸を取り上げ、自分の考えをもたせることによって、主体的な読みの態度を育むことができると考えた。

　「比較」を用いた読みの指導は、本文を分析的に把握すると同時に、創造的な解釈をもたせ、論理的な思考力を培う土台を築くことにもつながる。櫻本明美氏は、「論理的思考力の全体構造(試案)」[1]の中で、「比較」と「論理的思考力」との関連性を明らかにしている。氏は、論理的思考力の中に、「関係づける力」を位置づけ、その力の中に「比較」が含まれていることを示し、「比較」を通して共通点や相違点を明らかにすることで、対象と対象の間にある「ちがい」を読み解き、論理的な思考力を育成することができるとしている。対象となる２つのものを比較させることで、その間にある共通点や相違点を見極めるために、学習者は判断を迫られることになる。こうした「比較」をもとにした「しかけ」を一貫して毎回の授業の中に組み入れることで、思考の活性化をうながし、文学の読みを深めることができよう。

(2) ベン図を用いた比較の活動でしかける

　本実践は、全ての時間で「比較」を軸とした読みの指導を行っている。先にも述べたように、対象間の共通点や相違点は何かと問うことで、学習者に判断をうながし、思考を活性化させることができると考える。第２時から第５時までは、「ベン図」を用いた比較の活動で、対象間の共通点や相違点を読み解く活動を行った。ベン図とは、主に数学で用いられる以下のような図式である。

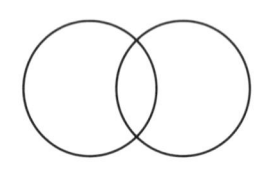

　相違点を両端の円形部分に書き、共通点を２つの円が重なり合う部分に書くことで、分かりやすく、端的に考えを整理するとともに、理解を共有することができる。

(3) 抽象化をうながす要約の活動でしかける

　第１時では、ログラインづくり（文章を１文に要約してまとめる活動）を行った後、「きつねの窓」に代わるオリジナルタイトルを考えさせた。また、第４時では、「きつねの窓は、〜を映し出す窓」という定型句を与えて、窓の特徴を１文で表す活動を行った。それぞれが読みの過程で得たものの中から必要に応じてキーワードとなるものを選び出し、端的にまとめ直す活動を行うことで、判断をうながし、思考を深めるとともに、自分の読みを焦点化させることができる。

(4)「是か非か」を問う活動でしかける

　第５時では、「ぼく」と「子ぎつね」の思いを比較した後、互いの思いは通じ合っていたのかどうかについて考えさせた。「是か非か」と二者択一で問いかけることにより、思考が活性化し、物語

を読み深めるために必要な議論の対立軸をつくり出すことができる。

(5)「適切なのはどれか」を問う活動でしかける

第6時では、本文中に出てくる「青」を確認した後、その青色としてふさわしい色がどれかを、「①スカイブルー、②ブルー、③ミッドナイトブルー」の中から選ばせる活動を行った。どの色が適切かを判断させることで、物語のイメージをより明確にし、自分の読みをさらに深めることができる。

(6)「一番はどれか」を問う活動でしかける

第3時では、比較を通して共通点や相違点を挙げた後、この物語を読み深めていく上で、最も重要となるキーワードを1つ選ぶという活動を行った。また、第6時では、物語の中で一番重要だと思う「青」がどれかを考えさせる活動を行った。「一番」はどれか、順位付けをしながら考えさせることで、物語に対する自分のとらえや立場を明確にすることができる。

3. 人物の心情を直接問わない文学の授業の単元計画（全7時間）

第1時　〈作者の考え⇔自分の考え〉の比較。本文を読み、ログラインを考えた後、オリジナルタイトルを作り、作品の印象を話し合う。

第2時　〈はじめの「ぼく」⇔おわりの「ぼく」〉の比較。「ぼく」のプロフィールを作り、はじめの「ぼく」とおわりの「ぼく」を比べる。

第3時　〈ぼく⇔子ぎつね〉の比較。両者の共通点と相違点について考え、登場人物の特徴をつかむ。（本時）

第4時　〈ぼくの「窓」⇔きつねの「窓」〉の比較。2つを対比させて考えた後、「きつねの窓は、～を映し出す窓」を使って、窓の特徴を1文に表す。

第5時　〈ぼくの思い⇔きつねの思い〉の比較。両者の思いを比較し、その思いが通じ合っていたのかどうかを考える。

第6時　〈青〉の比較。本文中に出てくる青を挙げた後、物語にふさわしい青色を「①スカイブルー、②ブルー、③ミッドナイトブルー」の中から選び、一番重要となる「青」がどれか、本文中から選ぶ。

第7時　物語の末尾に「そんなことがあると、ぼくは、その時のことをこう話すのです。『～』と」という展開を付け加え、自分の考えを表現する。

4. 本時の授業展開（3/7時）

(1) 本時の目標

- 「ぼく」と「子ぎつね」の共通点と相違点を見つけ出し、人物相互の関係性から物語を読み解くことができる。

(2) 本時の授業づくりのポイント

① 前時の「比較」を受けて展開する授業

毎時間行う「比較」による読みが蓄積されていかなければ、物語の読みは深まらない。本時は、前時に行ったはじめの「ぼく」とおわりの「ぼく」の比較を踏まえて授業を展開する。両者を比べると、大きく人間性が変わっていることが分かる。本時は、その変化に触れながら、「どこで」変わったか、「何が」そうさせたかを考えることから授業を始める。子どもの思考の流れに沿いながら授業を展開することが、授業構想の核となるのである。

② 叙述をもとに考える土台をつくる

「ぼく」の変化はどこで起こったのか、その転換点を把握するためには、叙述をおさえながら読むことをしなければならない。文学の読みだからこそ、文章中に根拠を求めることが重要である。勝手な想像から生まれる勝手な解釈は、物語の文脈から逸脱してしまいかねない。文脈から外れて広がる読みには、根拠がない。根拠のない読みを繰り返しても、読解力は育たない。本時では、「ぼく」の気持ちが大きく変わる転換点を、叙述から考えることにより、叙述をもとにしながら考える土台を確かなものにしていきたい。

③「独りぼっち」から比較の視点を紡ぐ

「ぼく」の気持ちが大きく変わった所がどこか

を追っていくと、「ぼく」が「子ぎつね」と同じ境遇であることを知った所であることが分かる。つまり、「ぼく」が「子ぎつね」と同じ「独りぼっち」という境遇であることを知った瞬間が、大きな転換点となっているのである。ここから「両者の共通点は何か」という視点を紡ぎ出すことができる。それをもとにして共通点や相違点をとらえることで、両者を比較しながら読む"必然性"をもたせつつ、豊かな考えを引き出すことができる。

④「一番」を明らかにして読みを焦点化させる

共通点や相違点を明らかにした後、「どの言葉が、この物語を読み深める上で一番のキーワードになるか」を問う。比較を通して出た言葉を価値付けることで、それまでの交流を集約し、拡散した思考を収束させることができる。また、こうした活動を通して、思考の深化をうながし、物語の読みをより一層深めることができるだろう。

⑤共感できた意見を明らかにして学習を振り返る

本時の学習を振り返って感想を記入する際には、交流の中で共感できた意見を明らかにしながら書かせるようにする。単に感じた感想を書かせるだけでなく、共感できる意見や考えを明らかにしながら学習を振り返らせることにより、自分の読みと他者の読みとをつないで、より豊かな考えを形成することができると考えた。

(3) 展開

本時の展開は、以下の通りである。

	主な学習活動	指導上の留意点
導入	1 前時を振り返る。 2 「ぼく」にあった大きな変化を確認。	
展開	なぜこのような違いが生まれたのだろう。ぼくの気持ちはどこで大きく変わったのかな。	
展開	3 ぼくの気持ちが大きく変化した所を考える。 4 めあてを確認。	・叙述をもとに根拠を明らかにする。
展開	「ぼく」と「子ぎつね」を比べて、共通点と相違点を明らかにしよう。	
展開	5 両者を比較する。 6 物語を読む上で一番キーワードになるものを考える。	・ベン図を用いて意見を整理する。
まとめ	7 出てきた考えを整理し、互いの意見を確認する。 8 感想を書く。	・共感できた意見を明らかにしながら、学習を振り返る。

前時を振り返り、「ぼく」にあった大きな変化を確認した後、どこで変化したのかを考えさせる。心境の変化が「子ぎつね」と同じ「独りぼっち」であることに気付いた所で生まれたことを確認し、両者の共通点と相違点をベン図にまとめていく。

(4) 板書計画

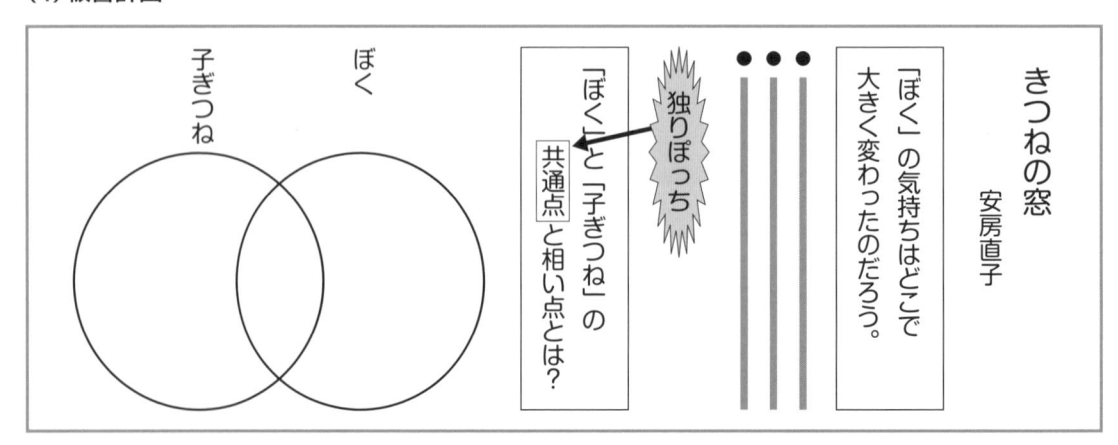

きつねの窓　安房直子

●●●

「ぼく」の気持ちはどこで大きく変わったのだろう。

独りぼっち

「ぼく」と「子ぎつね」の共通点と相い点とは？

ぼく　子ぎつね

5. 心情を直接問わない授業の実際

(1) 第1時〈作者の考え⇔自分の考え〉の比較

タイトルと冒頭部の4行だけを読み、どのような物語かを予想させた後、教師の範読を聞き、ログラインづくりを行った後、それを踏まえてオリジナルタイトルづくりを行った。

- 「思い出昔窓」
  …昔の思い出を見ることができるから。
- 「指ごしの過去」
  …指の窓の中に昔があるから。
- 「きつねのマジシャン」
  …ぼくに幻覚を見せたから。

ログラインづくりを行ってからオリジナルタイトルを考えさせたことで、無理なく考えさせることができた。

(2) 第2時〈はじめの「ぼく」⇔おわりの「ぼく」〉の比較

はじめに、「ぼく」のプロフィールを作成することから始めた。プロフィールは、「年齢・職業・家族構成・性格」の4項目。叙述をもとに推測させ、項目ごとにまとめる活動を行った。この授業では、中心人物である「ぼく」のプロフィールを考えさせたことで、物語を分析的に把握し、内容の理解につながる詳細な読みをうながすことができた。また、プロフィールをもとに、はじめの「ぼく」とおわりの「ぼく」とを比較することで、「ぼく」の中にある二面性を見出し、次時の学習活動につながる読みの土台を築くことができた。

(3) 第3時〈ぼく⇔子ぎつね〉の比較

まず、前時の授業を受けて、「ぼく」の気持ちがどこで大きく変わったのかについて考えさせた。

- T　前回、「ぼく」が全く違う性格面をもち合わせていることを確認しましたね。それはどうしてだったかな。
- C　物語の中で「ぼく」の考え方が変わったから。
- C　「ぼく」の気持ちに変化が起こって、それまでの性格と変わってしまったからです。
- T　では一体、どこでその気持ちに大きな変化が起こったのでしょう。今日はまずそのことについて考えてもらいます。では、どこで変化したか探してみてください。

―該当する箇所を探す―

- C　「ぼくは、すっかり感激して、何度もうなずきました」のところだと思う。それまで指を染めようとしていなかったのに、きつねの話を聞いて感激したから。
- T　なるほど。
- C　同じです。ここの所で「ぼく」の心が大きくゆれ動いたから。
- T　「感激」がキーワードかな。他にはどうかな。
- C　私は「なんだか悲しい話になってきたと思いながら、ぼくは、うんうんとうなずきました」だと思いました。「ぼくも独りぼっちだったのです」と書いてあるし、ぼくも指を染めて母を見たいと思ったから。
- T　だいたいみんな同じ所でしょうか。どうやら「ぼく」は「子ぎつね」と同じ「独りぼっち」であるということに気付いた時に、大きく人間性が変わったようだね。ということは、「独りぼっち」って「ぼく」と「子ぎつね」の…
- C　共通点！
- T　じゃあ他にもこの2人の間に共通点や、あるいは相違点があるのか考えてみましょう。

「独りぼっち」という境遇が、「ぼく」の気持ちが大きく変わる転換点であることを確認すると、児童の思考は自然と「ぼく」と「子ぎつね」の比較へと移っていった。共通点と相違点を整理する過程で、以下のような考えが出てきた。

【共通点】
- 山での仕事→きつね…染め物屋　ぼく…狩人
- 独りぼっち　・母を亡くし、家族がいない
- 青に染めた窓　・自分の大切な思い出

【相違点】
「ぼく」⇔「子ぎつね」
- 窓から見えるものが2種類⇔1種類
- 幻のようなものを見せられた⇔見せた
- 秘密の道を知らない⇔秘密の道を知ってる
- お母さんは、亡くなった？⇔殺された
- 登場シーンが平凡⇔登場シーンが特徴的

最後に、「この物語を読み深めていく上で、最もキーワードとなるものを1つ選ぶ」という活動を行った（上記波線部が選ばれたもの）。「子ぎつね」と「ぼく」との間にある共通点や相違点を読み解くことで、登場人物の特徴をつかみ、読みの幅を広げることができた。また、両者の関係性を明らかにすることで、行間を読んだり、創造的に考えたりすることができた。

(4) 第4時〈ぼくの「窓」⇔きつねの「窓」〉の比較

はじめに、「ぼく」が窓から見たもの（2つ：「一人の少女の姿」「昔『ぼく』がすんでいた家」）と、「子ぎつね」が窓から見たもの（1つ：「死んだ母ぎつね」）を確認した。それぞれが「窓」から見えたものを確認した後、両者の共通点と相違点を考える活動を行った。

【共通点】
- ききょうの花で染めている
- もう決して会うことができない、大切な人やものが見える
- もう一度会いたい、見たいと思う人や動物が見える
- 過去を映し出す
- 窓の中に映し出されたものを見るとうれしくなる

【相違点】
　　　　　ぼくの「窓」⇔子ぎつねの「窓」
- 見えたものは2つ⇔見えたものは1つ
- 嬉しいこと悲しいことを思い出す⇔
　　　　　　　　　　　悲しいことを思い出す
- 同じものを見ていない⇔
　　　　　　　　同じものを何度も見ている
- 母の姿は見えない⇔母の姿が見える
- 声も聞こえてきた⇔聞こえてこなかった
- （窓を見たことで）せつなくなった⇔
　　　　　　　　　　　さびしくなくなった

以上の活動を行った後、「きつねの窓は、〜を映し出す窓」という定型句を与え、「窓」の特徴を1文で表す活動を行った。児童からは次のような考えが出てきた。

- うれしさと悲しさを映し出す窓
- もう一度会いたい人や物を映し出す窓
- "過去"を映し出す窓

窓から見えたものを比較し、それぞれの特徴を洗い出したことで、微細な相違点にも気付くことができた。また、「ぼく」にとっての窓と「子ぎつね」にとっての窓という違いから、互いに共通する境遇をもちつつも、見える世界やそこで抱く感情の違いにまで読みを深めることができた。

(5) 第5時〈ぼくの思い⇔きつねの思い〉の比較

はじめに、花畑を出て帰宅した際、思わず手を洗ってしまった「ぼく」が、再び指を染めてもらおうときつねを探し求めたが、会うことができなかったのはなぜかについて考えさせた。会えなかった理由を踏まえた上で、両者の思いを比較すると、次のような意見が出てきた。

「ぼく」の思い
- もう一度会いたい
- 窓をくれて感謝
- また指を染めてもらいたい

「子ぎつね」の思い
- もう会う必要はない
- 鉄砲をくれて感謝
- 優しい心をもてるようになって良かった

すれ違う両者の思いを確認した後、「ぼく」の思いと「きつね」の思いは、「通じ合っていたのかどうか」について考えさせた。大多数の児童が「通じ合っていなかった」を選んだ。「二度と会うことができなかった＝通じ合っていないから」や、「きつねは、会う必要がないと考えていたから」など、その理由は、物語の"終末部分"から判断している様子であった。一方、「通じ合っていた」を選んだ少数派の意見は、「きつねは『ぼく』を信じていたからこそ、指を染めてあげた」など、"出会った過程"から判断している様子であった。

(6) 第6時〈青〉の比較

まず、物語の中に出てくる青色を全て書き出

し、「青」から感じる作品のイメージを考えさせた。

【イメージ】
- 美しい ・暗い ・寒い ・悲しい
- 寂しい ・冷たい ・光っている
- 切ない ・孤独 ・冷静 ・不思議
- しつこい

こうした青色のイメージを踏まえ、この物語にふさわしいと思う青色を、次の3つから選ばせた。
　①スカイブルー
　②ブルー
　③ミッドナイトブルー
児童からは次のような意見が挙がった。

- ③…この作品は、静かな青色を表しているような気がするから。この物語は、悲しいイメージが強いから、悲しさを強調できる③を選んだ。

この3つの選択肢の中で一番多かったのが③だった。やはり悲しいイメージが強いからか、最も暗い③を選ぶ児童が多かった。最後に、この作品を読む上で、一番重要な青色がどれかを選ぶ活動を行った。

- 青く染めた指…指を青く染めなかったら、窓は作れないから
- ききょうの青…大切な思い出を見せてくれたのは「ききょうの青」があって、ききょうがなかったらこの物語は成立しないから

大半の児童が、「青く染めた指」と「ききょうの青」のどちらかを選んでいた。作品を読む上で最も重要だと思われる「青」を選び出すことで、この作品の世界観をとらえ、自分の考えをさらに広げることができた。

(7) 第7時「添加」による表現活動

物語の末尾に、「そんなことがあると、ぼくは、その時のことをこう話すのです。『〜』と」という定型句を挿入し、自分が「ぼく」なら、どのような話を打ち明けるかについて考えさせた。

- 「夢のようなことがあったんだ。きつねに指を染めてもらって、その窓からは、もう会えない人や死んだ人が見えるんだ。でも、手を洗ってしまったから見えなくなってしまったんだ。でも、もう一度見たいと思っているから、つい指で窓を作ってしまうんだ。」
- 「しょうがないでしょ!?」(事実を話したら指を染めてくれるきつねが撃たれてしまうかもしれないから)

物語のリライトを通して、作者になったつもりで意欲的に活動に取り組むことができた。また、これまでに蓄積してきた自分の読みが表現されている点から、物語全体を独自の視点で総括することができたように思う。

6. 実践の成果と今後の展望

(1) 実践の成果

比較を用いて共通点や相違点を明らかにする活動は、思考の活性化をうながし、自分の読みを形成していく上で有効な手立てであると感じた。児童からは次のような感想が生まれている。「いろいろ想像できるし、おもしろくせつない物語だと思った」「これを考えた作者は、天才だと思う」「『きつねの窓』は、奥深かった」

(2) 今後の展望

分析的にとらえた所が多かったため、物語に"読み浸る"という所までは至らなかった。しかし、心情を直接問わずとも、「比較」を用いることで物語の世界を味わうことはできると実感した。今後、読みの深化をうながす授業の在り方を追求し、「比較」を用いた読解指導法の一般化を図っていきたい。

〔注〕
(1) 櫻本明美『説明的表現の授業―考えて書く力を育てる―』明治図書、1995年

実践のポイント 小学6年

「判断」「比較」で思考の深化をうながす

鹿児島県鹿児島市立玉江小学校長　坂元　裕人

1　「海の命」(土方実践) について

　今や6年の最終教材、中学校文学への橋渡しの役割を担う教材としても安定感をもちつつある「海の命」(土方実践)から心情を直接問わない授業展開の1つのよきモデルを見取ることができる。このような実践が自ら問いをもったり、読みを深めたりしていくことのできる子どもを育み、中学校で更にその力を開花させてくれるものと期待したい。本実践の核となる主発問は次の4つである。
　①第6場面における最初の3行が必要かどうかを判断させる発問 (第2時)
　②太一が最も影響を受けたのは誰なのかを判断させる発問 (第3時)
　③「村一番の漁師」と「本当の一人前の漁師」とはどちらがいい漁師なのかを判断させる発問 (第4時)
　④太一は誰にも「話さなかった」のか「話せなかった」のかを判断させる発問 (第5時)
　いずれの発問も果たしてこれまでの実践で、子どもに問いとして発してきたであろうか。その必要性を感じる教師が何人いたであろうか。
　では、実践内容を特に②と④の発問に着目し考察していきたい。まず、②の発問に対してのスケールは、最終的に次のようになったと記述されている。
　おとう：18人　与吉じいさ：20人　母：2人
　ここで注目したいのは「母」の存在である。これまでの実践で言えば、おとうと与吉じいさには着目してもなかなか母は出てこないであろう。敢えて母の存在に着目させることで「母が自分の思いを言わなければ、太一も父のように死んでいたと思う」のような根拠をもったり、理由づけをしたりしながら、母のスケールの数値が上がったという記述から、周辺人物を視野に入れて読みながら実は中心人物をしっかりと読んでいく。結果として「太一の成長」を読み取り、読みを深めていく土方学級の子どもの姿が見えてくるのである。
　④の発問の「話さなかった」と「話せなかった」という微妙な表現の違いを考えさせることで、太一とクエとの関係、「海の命」という題名との関連など、読みの多様性、読みの深化をうながすことができるのである。
　また、①のような必要か、必要でないかという発問についても、6年生には問いたい発問である。なぜならば、作者の表現意図や効果にも目を向ける読みを保障することになるからである。
　心情を直接問わず「判断」する過程の中で、叙述を基に考えたり、表現したりしながら根拠や理由をもった交流が6年生には求められ、自分の考えに自信をもったり、修正したりしながら、考えを深めたり広げたりする柔軟な読み方ができる子どもが育っていくのである。

2 「きつねの窓」(三浦実践)について

　さて、「きつねの窓」(三浦実践)は、「比較」を軸とし、
- ベン図を用いた比較の活動でしかける
- 抽象化をうながす要約の指導でしかける
- 「是か非か」を問う活動でしかける
- 「適切なのはどれか」を問う活動でしかける
- 「一番はどれか」を問う活動でしかける

といった様々な「しかけ」で授業を展開している。また、ログラインづくり、オリジナルタイトルづくり、物語のリライトなども子どもたちが読みの変容を確認したり、作品世界に浸らせたりすることが可能となる価値ある活動である。

　第3時における学習では、中心人物であるぼくの心情の転換点を確認した後、「ぼく」と「子ぎつね」の共通点と相違点を探る学習を展開している。特に、共通点として挙げられた「・山での仕事(きつね…染め物屋、ぼく…狩人)・独りぼっち・母を亡くし、家族がいない・青に染めた窓・自分の大切な思い出」の中からキーワード(・独りぼっち・青に染めた窓・自分の大切な思い出)を選ぶ活動は、子どもたちがキーワードを念頭に置きながら教材の核心に迫る深い読みをうながす活動として興味深い。

　第4時は、ぼくの「窓」ときつねの「窓」の比較である。ここでは相違点に着目したい。

ぼくの「窓」	⟷	子ぎつねの「窓」
・見えたものは2つ		・見えたものは1つ
・うれしいこと悲しいことを思い出す		・悲しいことを思い出す
・同じものを見ていない		・同じものを何度も見ている
・母の姿は見えない		・母の姿が見える
・声も聞こえてきた		・声は聞こえてこなかった
・(窓をみたことで) せつなくなった		・さびしくなった

以上の活動後、「きつねの窓は、〜を映し出す窓」という定型句を与え、「窓」の特徴を1文で表す活動を行っている。子どもからは「・うれしさと悲しさを映し出す窓・もう一度会いたい人や物を映し出す窓・過去を映し出す窓」などの作品のテーマに関わる内容が出てきたという。このような子どもたちの反応から第3時、第4時の学習により、更にテーマに迫る読みができていると考える。

　第6時の物語に出てくる「青」から感じる作品のイメージを考えさせる活動(3択:①スカイブルー、②ブルー、③ミッドナイトブルー)も面白い。「この作品は、静かな青色を表しているような気がするから。この物語は悲しいイメージが強いから、悲しさを強調できる③ミッドナイトブルーを選んだ」との子どもの記述や、③ミッドナイトブルーを選んだ子どもが多かったという事実から、この活動は十分子どものイメージを広げたり、深めたりする上で効果的であったと言える。

　いずれにしても、小学校最終学年で、教師から心情を直接問われない文学の授業を経験した子どもたちは、豊かな読書生活をも築いていけるに違いない。

第III部

実践編2

中学校編

中学1年　「少年の日の思い出」（ヘルマン＝ヘッセ　高橋健二　訳）

「どの程度か…」「一番の理由は…」で判断をうながす

宮崎県都城市立姫城中学校　森　弘晃

1. 単元目標

- 場面の展開をとらえ、表現に着目して登場人物の心情や情景描写について読みを深めることができる。
- 作品の構成の工夫について、自分の考えを持つことができる。

2. 学習者に「判断」をうながす発問の「しかけ」の工夫

「少年の日の思い出」は、古くから教科書に載せられているヘルマン＝ヘッセの作品である。大人になった主人公が、友人宅で昔を振り返る場面（前半部分）と、少年の頃の苦い思い出の場面（後半部分）の2部構成になっている。

前半部分は、物語の中心となる後半部分のための導入としての役割を果たしているのと同時に、物語の後、主人公の「僕」がどのような大人に成長したのかを表す重要な場面である。

また、後半部分は、物語の中心である少年時代の思い出であり、次のような内容になっている。

主人公の「僕」は、8歳のころ始めたチョウ集めに夢中になり、やがて異常なほど、この趣味に熱中する。ある日、近所のエーミールが珍しいチョウを所有していると聞き、「僕」は我慢できずに彼の部屋へ行く。そして、衝動的にそのチョウを盗み、隠そうとした際に潰してしまう。その後、エーミールに誠意をもって許しを請うが、冷たく拒絶され、失意の中で「僕」は自分の収集物を指で押し潰してしまう。

このような物語の構成から考えると、人物の心情を「直接問わない」発問を用い、心情の変化を読み取るのに適しているのは、後半部分だと考える。

そこで、チョウを盗み出す時の「僕」の心情を読み取るために、本書理論編の「文学教材で『判断』をうながす発問の基本型」の【解釈を問う発問】B)「どの程度か、どのくらいか……？（スケーリング）」を用い、「あなたが裁判官だとしたら、この事件に対してどのくらいの刑罰を与えますか」という発問を行った。「僕」の犯した罪の軽重を判断するために、文章中からその根拠となる表現を探させ、それをもとに考察させた。

また、最後の場面で自分の収集したチョウを粉々に押し潰した「僕」の心情を読み取るために、基本型の【解釈を問う発問】C)「一番はどこ（どれ）（だれ）か……？」を用い、「チョウを押し潰した一番の理由は何でしょう」という発問を行った。答えを「チョウを見たくなかったため」など、4つの中からの選択式にし、答えからはっきり提示することにより、その根拠や理由を探しやすくすることができた。

3. 人物の心情を直接問わない文学の授業の単元計画（全7時間）

第一次第1時　全文を通読し、語句の意味を確認して、初発の感想を書く。

第二次第2時　前半部分の場面設定についてまとめる。

　　第3時　2人の少年を比較し、「僕」の人物像をとらえる。

　　第4時　2人の少年を比較し、エーミールの人物像をとらえる。

　　第5・6時　チョウを盗み、潰してしまった場面の「僕」の言動をまとめ、自分の考えを持つ。（本時）

　　第7時　最後の場面でチョウを潰したこと

について考える。(本時)

4. 本時の授業展開①(5・6/7時)

(1) 本時の目標
- 「検察」と「弁護」といったプラス面とマイナス面の両方の視点で主人公「僕」の言動を読み取り、より深く心情の変化に迫ることができる。

(2) 本時の授業づくりのポイント

前時までに、後半部分のチョウ集めの様子から、熱中すると周りのことが見えず、細かいことを気にしない性格の「僕」と、感情を表に出さず、几帳面な性格の友人エーミールの人物像をとらえてきた。

本時では、12歳の主人公「僕」が、エーミールのクジャクヤママユを盗み、潰してしまった場面を「クジャクヤママユ事件」と名づけ、主人公「僕」に対して判決を下すという設定で授業を行った。

まず生徒には、「あなたが裁判官だとしたら、この事件に対してどのくらいの刑罰を与えますか」と発問した。そして、裁判をするためには、「検察側」と「弁護側」の2つに分かれて、主人公の「僕」がどのような行動をしたのか、また気持ちがどのように変わっていったのか、などを読み取る必要がある、と説明した。

その後、クラス全体を5～6名程度の6グループに分け、そのうちの3グループを「検察側」、残りの3グループを「弁護側」の視点で文章を読み取らせた。そして、裁判形式でそれぞれの考えを発表し合い、その発表をもとに、最終的に自分の考えを整理し、判決を出させた。

このように裁判の形式をとることで、心情を直接問うことなく、主人公「僕」の気持ちを読み取る必要性が出てくる。なぜなら裁判では、事件における動機が判決に影響を与える。したがって、判決を考えるために、場面ごとに「僕」がどのような気持ちだったのか、またどのように変化していったのか、などを読み取らなければならない。

そして、判決を下すという活動をすることで、生徒が刑罰に対するスケーリングを行うことになる。無罪なのか、罰金なのか、それとも実刑なのか。刑罰の軽重を文章の表現の中に求め、より深い読み取りを行おうとするのである。

また、「検察側」と「弁護側」という2つの視点で読み取らせることで、同じ場面でも別の表現に注目するようになる。このようにして、より多様な読みを実践することができる。

(3) 展開

【主な学習活動】
①後半部分を読む。
②学習課題を設定する。
　「あなたが裁判官だとしたら、この事件に対してどのくらいの刑罰を与えますか」
③「検察側」と「弁護側」の立場に分かれ、各自で裁判に必要だと思う表現を探す。
④グループごとに、お互いに探した表現を出し合い、主張するポイントをまとめる。
⑤裁判を開いて、グループごとに考えを発表する。
⑥発表をもとに自分の考えを整理し、読みを深める。

5. 本時の授業展開②(7/7時)

(1) 本時の目標
- 選択肢を元に、根拠を明確にして、チョウを押し潰した「僕」の心情を読み取ることができる。

(2) 本時の授業づくりのポイント

本時は、最後の場面で、食堂から取ってきた自分のチョウを寝台の上に載せ、闇の中で押し潰した「僕」の心情をとらえる授業である。

授業は、「個人思考」→「グループでの話し合い」→「全体での学び合い」という問題解決的な学習の流れで行った。

「個人思考」を行う際、「チョウを押し潰した一番の理由は何でしょう」という発問を行い、①チョウを見たくなかったため、②自分に罰を与えるため、③エーミールに対する悔しさのため、④今

回の事件で落ち込み、絶望したため、という4つの選択肢を提示し、この中から1つ選び、根拠を文章中から探して答えさせることにした。

このような「選択式の発問」は、答えをはっきり提示することにより、その根拠や理由が探しやすくなる。つまり、ゴールイメージができているので、根拠や理由を数多く見つけることができるのである。

自分だけで考える時間を十分に確保したうえで、グループでの話し合い活動に進む。これは、話し合い活動を充実させるために、不可欠な作業である。自分の考えを持たないまま話し合いに参加しても、聞いているだけという状態になってしまう。それを避けるために、個人思考の時間は大切である。

グループでの話し合いが終わったら、最後に全体で考えを練り上げる。

(3) 展開

【主な学習活動】
①最後の段落を音読する。
②学習課題を設定する。
　「チョウを押し潰した一番の理由は何でしょう」
③課題に対して自分の考えを持つ。
　（「個人思考」）
④グループで話し合い活動を行う。
　（「グループでの話し合い」）
⑤全体で考えを練り上げる。
　（「全体での学び合い」）

6.「【解釈を問う発問】の活用」で「判断」をうながし、人物の心情に迫った授業の実際

(1)「クジャクヤママユ事件」の授業について

チョウを盗み、潰してしまった場面は、「僕」の言動をまとめて、心情の変化をとらえる。そのために、チョウを盗んだことを1つの事件として扱い、検察側、弁護側という2つの視点に分かれて文章を読ませた。検察側は、刑を重くするという立場で読んでいくため、「僕」にとって不利となるような表現を探して根拠としていく。また、弁護側は刑を軽くするという立場で読んでいくため、「僕」をかばうような表現を探して根拠としていく。立場が違うと、根拠とするところが違ってきたり、同じ文章であってもとらえ方が違ったりするのである。

以下に、各グループが主張の根拠とした主なものをまとめた。

〔裁判のための主張の根拠〕
1　チョウを盗むまで
　○誰もいないと確認（ノック）しているのに、部屋に侵入した。
　○最初は見るだけのつもりだった。
　○誘惑や欲望に負けている。
　○生まれて初めて盗みをした。
　○盗んだ後、大きな満足感のほか何も感じていない。
　○カギをかけていなかったエーミールにも責任がある。
2　チョウを潰してしまうまで
　○階段をだれかが上がってくるのが聞こえ、良心が目覚めた。
　○自分のことを『下劣なやつ』と悟っている。
　○チョウの標本は痛みやすいのに、不注意にもポケットに入れて潰した。
　○チョウをポケットに入れたのは本能的でわざとではない。
　○胸をどきどきさせたり、おびえたりしていた。
　○できるなら何事もなかったようにしておかなければ、と悟った。
　○盗んだ後、急いで引き返している。
　○クジャクヤママユという貴重なチョウを潰してしまった。
　○盗んだことより、美しいチョウを潰したことを後悔している。

3　母親に打ち明けたとき
　○夕方になるまで悩んでいてだれにも話さなかった。
　○母親にきちんと自分のやったことを話した。
　○エーミールが信じないことを感じていた。
　○夜になるまで、エーミールを嫌ってなかなか謝ろうとはしなかった。
4　エーミールに打ち明けたとき
　○反省をして、エーミールにちゃんと謝りに行った。
　○エーミールはショックを受けたが、繕おうと努力した。
　○エーミールの嫌な言い方に、飛びかかるところだったが、じっと我慢した。
　○自分のチョウを1つずつ潰した。

　このような根拠をもとに、グループごとに主張すべき内容をまとめ、裁判を行った。以下が裁判の様子である。(一部省略)

　それでは、「クジャクヤママユ事件」の裁判を始めます。では弁護側から、意見を出して下さい。まず1班お願いします。
1班：はい。まず、主人公の「僕」は、エーミールの部屋に入るときノックをしました。最初からクジャクヤママユを盗むつもりはなかった、ということの表れだと思います。また、生まれて初めて盗みをした、と書いてあるし、お手伝いさんとすれ違うとき、胸をどきどきさせたり、おびえたりしています。最後に、チョウをポケットに入れて潰してしまうのですが、本能的な行動だったと書かれています。
　　　このように見てくると、とても悪意をもってクジャクヤママユを盗んだとはいえず、刑を軽くしてもよいのではないかと思います。

　(2班、3班の主張は省略)
　それでは、検察側の意見を出してください。まず、4班お願いします。
4班：はい。「僕」は生まれて初めて盗みをしたかもしれませんが、盗んだときに大きな満足感を感じた、と書いてあるし、途中で良心がめざめてチョウを返しに行っていますが、お手伝いさんとすれ違ってはじめてそう思っています。つまり、すれ違わなければ、持って帰ってしまった可能性があります。また、チョウを潰してしまったことを知ったときも、盗んだことより美しいチョウを潰したことを後悔しています。つまり、自分が盗んだことに対しては、十分な反省が見られません。したがって、刑は重くすべきだと思います。
　(5班、6班の主張は省略)
では、お互いの意見に対する質問や反論があれば出してください。
　a　1班の意見に反論があります。ノックをして中に入っているということですが、ノックをして、誰もいないということがわかっているにもかかわらず入ったということは、それだけでも罪が重いのではないですか。
　b　それほど激しくクジャクヤママユを見ることを望んでいた、ということだと思います。
　c　4班の意見に反論です。4班さんは「僕」が十分に反省していないと言っていましたが、最後にはエーミールに謝罪し、ひどいことを言われても我慢していました。十分反省していると思います。
　d　でも、謝罪は夕方になってからだし母親に言われなければ、謝らなかったのではないですか。
　c　それだけ、悩んでいたから時間がかか

ったんだと思います。これだけ悩んだんだから、反省はしていると思います。
　　　　　　　　　　　　　（以下省略）
　たくさんのご意見、ありがとうございました。では、今までの主張を参考にして、最後に判決とその理由を書いてください。

　この裁判をもとに、各自でもう一度考えさせ、最終的な判決を書かせた。以下に4名の生徒が考えた最終的な判決とその理由を紹介する。

A
　「盗みをした気持ちより、美しくて珍しいチョウを潰してしまった方が僕を苦しめた」という文から、盗みをして反省した以上に、チョウを潰してしまったことに、深く深く反省していると思い、私には、この少年がどれだけチョウが好きかが伝わってきました。最後にチョウを潰す場面でも、この1つのチョウにかける重みというのが伝わってきました。
　（判決：罰金1万円）

B
　勝手に部屋に入り、勝手にチョウを盗んだのは悪いことだけれど、「僕」の必死の説明と心からの謝罪に対してのエーミールの言葉もひどかった。盗みは犯罪だけれども、盗みよりもクジャクヤママユの方を気にしているくらいチョウを大事に思っていた「僕」が、自ら自分の大切なチョウを潰すくらい反省している。
　（判決：罰金5万円）

C
　誰もいない部屋に入り、エーミールのチョウを盗み潰してしまったのだが、潰そうとして潰したわけではない。ただ、本能的にしてしまったことなのだ。それに、「僕」は生まれて初めてのことで、とっても怖かった。さらに、返そうと思ってエーミールの部屋に戻ったではないか。そして、エーミールに謝りにも行ったのでいいのではないか。
　（判決：罰金5万円）

D
　盗みを犯したにもかかわらず、大きな満足感を感じているのはいけないことだし、生まれて初めて盗みをしても悪いことは悪いと思った。しかも、急いで引き返して誰も来なかったかのようにしようとしている。
　（判決：実刑1か月）

(2) 最後の場面の授業について

　「チョウを押し潰した一番の理由は何でしょう」という発問に対して、個人で考えさせたときには、①「チョウを見たくなかったため」を選んだ生徒が53%、②「自分に罰を与えるため」を選んだ生徒が34%、③「エーミールに対する悔しさのため」を選んだ生徒が7%、④「今回の事件で落ち込み、絶望したため」を選んだ生徒が3%であった。

　理由としては、①では、「今回の事件を忘れたかったのではないか。チョウを見ると思い出してしまうし、悲しい気持ちになると思うから」という内容のものが多かった。②では、「一度起きたことは、もう償いのできないものだということを悟った」というところを挙げ、「償いたいと思っても償いきれるものではないが、自分もエーミールと同じように、大切な物を失う気持ちを味わおうと思ったから」という意見が多かった。また、③ではエーミールから冷たく軽蔑されたところを挙げ、「エーミールにバカにされて悔しかったから」という意見が出た。そして、④では、貴重なクジャクヤママユを潰してしまったところを挙げ、「自分がとても欲しがっていたチョウを、自分の手で潰してしまってショックだったから」という意見が出た。

　グループで話し合いを行うことで、6つあるグ

ループのうち、①を支持するグループが3つ。②を支持するグループが3つになり、③と④の意見がなくなった。

最後に、全体での意見交換を行ったが、あるグループが、①を支持する理由として、前半部分の「もう、けっこう」と大人になった「僕」がチョウを見るのを断っているところを挙げた。つまり、「大人になってもチョウをまだ見たいと思えていない（ふっきれていない）。したがって、この事件の直後はなおさら見たくなかったのではないか」という意見だった。この意見が一番説得力があり、大半の生徒が①を支持するようになった。

まとめとして、4つの理由いずれも、少しずつ可能性があったと思うが、中でも一番強かったのが、①「チョウを見たくなかったから」だと考えられる、とした。

7. 実践の成果と今後の展望

○【解釈を問う発問】を活用した発問を行い、言語活動を取り入れることで、活発に意見交換が行われ、読みが広がり深まるとともに目標を達成することができた。

○今後は、話し合いへの教師の関わり方や言葉かけをどのようにしていくのか、また、まとめる際の板書の工夫について考えていきたい。

実践のポイント　中学1年

「読みの重層化」と「選択式の発問」で心情に迫らせる

宮崎県三股町立三股中学校長　笠牟田　保昌

　中学1年「少年の日の思い出」（森実践）の授業展開①における発問は、秀逸である。「あなたが裁判官だとしたら、この事件に対してどのくらいの刑罰を与えますか」という発問である。この発問は、本書理論編「人物の心情を直接問わない文学の授業」で示された「B）どの程度か、どれくらいか……？（スケーリング）⇒その根拠と理由は……？」がベースとなっている。

　森氏は、「本時の目標」に掲げた「より深く心情の変化に迫る」ために、「読み」が重層化した学習活動として機能するような発問を作り出している。それは、指導の重点化を図るとともに、生徒に興味・関心を抱かせる柔軟な指導方法の工夫につながっていく。授業記録には、学習目標の達成はもとより、生徒の学習に対する満足感が表れており、森氏の並々ならぬ授業企画力と授業実践力が伝わってくる。2時間（5・6/7時）にわたる学習活動を支える主要発問であるが、生徒1人1人が、裁判官として判決を下す（スケーリング）までには、次の3段階の読み取りが仕組まれている。

第1段階　裁判までの検察側、弁護側としての情報収集、証拠固め

　生徒は、本時に至る4時間の学習の後、検察側、弁護側いずれか一方の視点から後半（少年時代の思い出）部分を改めて読み直すことになる。当然ながら、この学習活動では、新たに与えられた2つの視点から「同じ場面でも別の表現に注目するようになる」。（森氏）

　つまりは、1つの視点に囚われずあえて拡散的な読みを引き出すねらいがある。単元の後半に、ことさらに違う視点を持ち込むことは、生徒の読者としての幅を拡げ、読みの広がりをうながしていく。それは、後述の第2・第3段階の学習活動を経る中で次第に焦点化され読みが深まり、最終時（7/7時）において、教材文の深い理解や感動につながっていくことが意図されている。

第2段階　裁判における検察側、弁護側の立証、論告・弁論

　生徒が双方の立場から、立証、論告・弁論を行う際、その有力な材料となるのは、主人公の言動、動機・背景を含んだ描写である。当然のことながら、立場が違うと、気付きもしなかった箇所が生徒に説得力を持って訴えかけてくる。また、同一の描写であっても解釈は大きな相違を抱え、その対照が際立つことになる。

　授業記録では、検察側、弁護側相互の立証や反論に、生徒の読みの深まりが新鮮な実感として受け取られている様子が行間からも伺えるようである。

第3段階　裁判官としての判決文

　以上のような学習活動を踏まえた後、生徒には、最後にまた1つ、裁判官という新たな読みの視点が与えられる。生徒が裁判官になり量刑を下すというスケーリングは、刑罰の軽重

（例えば罰金５万円、実刑１か月等々）を数値で表すことになるが、注目すべきはあくまでも、その刑罰の根拠と理由である。

　授業記録のA～Dという４つの「判決文」だけで断じるのも心苦しいが、Aは「（前略）最後にチョウを潰す場面でも、この１つのチョウにかける重みというのが伝わってきました。（判決：罰金１万円）」との最終判決を書いている。Aの言う「チョウにかける重み」が、この後の最終時の発問「チョウを押し潰した一番の理由は何でしょう」に関わって、グループや全体でどのような意見交換を行い、「自分の考えを整理し、読みを深め」ていったのか、非常に興味深い。

　また、Dの最終判決「盗みを犯したにもかかわらず、大きな満足感を感じているのはいけないことだし、生まれて初めて盗みをしても悪いことは悪いと思った。しかも、急いで引き返して誰も来なかったかのようにしようとしている。（判決：実刑１か月）」は、スケーリングとしては成立していても、善悪の「判断」（「いけない」「悪い」）に傾き、国語科の授業から大きく逸脱している。最終時に、Dの読みがどのくらい掘り下げられたのか、これもまた興味深く、気がかりでもある。

　授業展開②の発問は、「チョウを押し潰した一番の理由は何でしょう」である。福島大学の佐藤佐敏氏の「選択式の発問」（『思考力を高める授業』）を導入したもので、「C）一番はどこ（どれ）（だれ）か……？⇒その根拠と理由は……？」のバリエーションである。

　本書理論編では、「解釈を問う発問」の１つであり、あらかじめ用意した４つの解釈から選択させるものであるところから、森氏は「答えからはっきり提示することにより、その根拠や理由を探しやすくすることができた」としている。

　確かに、授業記録によると、「個人思考」→「グループでの話し合い」→「全体での学び合い」という活動とも相まって、４つの選択肢それぞれについて、様々な根拠と理由が出され、６つのグループでの話し合い後には、選択肢①「チョウを見たくなかったため」が３グループ、②「自分に罰を与えるため」が３グループに変動している。全体での学び合いでは、①を支持する説得力ある「理由」が出され、「大半の生徒が①を支持するようになった」と記されている、

　ただ、ここで考えたいのは、単元の最終時における「選択式の発問」の有効性についてである。「読みを深める」という単元目標に照らして、複数の解釈を提示してから出された根拠や理由がどれだけ多くかつ説得力があるものであっても、教師側からの解釈提示と、その選択でとどまっては、クローズドエンドである。せっかくここまでの学習成果が積み重ねられているのであれば、オープンエンドの「教材を『評価』する発問」が組み込まれていればと考えるのは欲張りであろうか。

　また、「文章の組立てや作品の場面を静的にとらえてその構成を理解するだけではなく、文章を思考の流れや登場人物の心情の変化に沿って動的にとらえその展開を把握するため」（『中学校学習指導要領解説　国語編』）には、「闇」に関する情景描写や場面展開、作品構成などへの注意も必要であると考えるがいかがであろうか。

中学2年 「走れメロス」(太宰治)

スケーリングで「信実」に迫る

宮崎県延岡市立東海中学校　新井 日美子

1. 単元目標

- 人物や情景の効果的な描写に着目して、作品を読み深めることができる。
- 場面の展開や表現の仕方について、自分の考えをまとめることができる。

2. 本単元で「メロスは何のために走ったのか?」をスケーリングでしかける理由

　「走れメロス」を学習するに当たり、生徒はどの部分に感動し、どのような感想を持つのか。「メロスが間に合って良かった」「王が最後にメロスを許して良かった」「セリヌンティウスが助かって良かった」という感想が一般的である。しかし、本当にそれでいいのだろうか？　この話の中心は「間に合うこと」なのだろうか？　もちろん、メロスが多くの困難を乗り越えて走り抜き、刑場に無事にたどり着いたのも感動する場面であり、友と友が抱き合って泣くのは名場面である。しかし、それ以上に、メロスが困難の中で自分の弱さに向き合ったときに己をどう鼓舞し、乗り越えていくかが読む者に希望や立ち上がる勇気を与えてくれるのだと思う。その「己を奮い立たせたものは何だったのか」また、「メロスの心の中に宿ったものは、今の自分たちに当てはめるとどんなものだったのか」を考えることで、生徒は単純に「間に合ってすっきりした」という読みから、メロスと自分を重ねて心情を探ることが出来るのではないだろうか。

　そこで、「メロスは今、何のために走っているのか？」という問いから、各場面でメロスが大事にしていたものを多面的に考え、メロスの心情の変化をつかんでいくために、今回のスケーリングを使ってみようと思った。スケールを三角形にしたのは、人の心の中は二者択一ではなく、色々な感情が交じっている中で軽重や優先順位をつけたり、複雑でわからないままだったりしながらも、前に進んでいくのだということを感じさせたかったからである。

3. 学習者に「判断」をうながす発問の「しかけ」の工夫

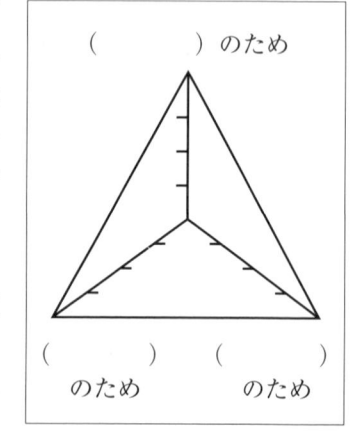

　スケーリングは三角形にした。先に述べたように、答えを2択にして「どちらか」と迫るものではなく、メロスの中の複雑な気持ちをとらえることが出来るようにする

```
          (　　　)のため
             △
         ／│＼
        ／ │ ＼
       ／  │  ＼
      ／   │   ＼
     ／    │    ＼
   (　　)      (　　)
   のため      のため
```

ためだ。場面ごとにメロスが大事にてしいるもの(何のために走ったか)を3つ考え、出来るだけその軽重をつけさせるようにした。スケーリングの場面は次の3カ所で設定した。

　第1の場面は、メロスがセリヌンティウスと別れ、王城から出発するシーンである。ここではメロスがはっきりと「たった一人の妹に、亭主をもたせてやりたいのです」「私の無二の友人(セリヌンティウス)だ、あれを、人質としてここに置いていこう」「町を暴君の手から救うのだ」と言っていることから、生徒は「妹のため」「セリヌンティウスのため」という答えをすぐに導き出す。また、本文にある「町の人のため」や「王の心を変える

ため」等を使い、3つの項目のスケーリングを作成することが出来る。この第1の場面は、これから行うスケーリングの練習の場として設定した。

第2の場面は、3日目の3つの困難に遭う場面である。ここは妹の結婚式が終わっていることから、「妹のため」という項目が外れ、スケーリングの項目が少し変わってくる。メロスが迷い無く走り抜いている時であり、「身代わりの友を救うために走るのだ」「王の奸佞邪知を打ち破るために走るのだ」「若いときからの名誉を守れ」「正義のためだ」などと書かれていることから、生徒は自分が気に入った言葉を選びながら、楽しくスケーリングできると思われる。第2の場面では、それぞれの生徒がどこに重きを置いたかを発表し合うことで、お互いの考え方の違いに気付いたり、物語の展開やメロスの性格に立ち返ったりする時間としたい。

そして「信実」に迫る3つ目の場面は、再び立ち上がり王城へ向かう場面である。ここでメロスが何に向けてひたすら走り続けるのかをスケーリングさせ、さらに学級でそれぞれの意見がメロスの心情と合っているのか、メロスの言う「信実」とはいったいどういうものなのかに迫っていく。

教科書の意味調べの項目にも「信実」はあり、意味は「正直で偽りのないこと　誠実な心」とある。しかし、ここでメロスは「信じられているから走るのだ。間に合う、間に合わぬは問題でないのだ。人の命も問題でないのだ。私は、なんだか、もっと恐ろしく大きいもののために走っているのだ」とフィロストラトスに言っている。言い換えれば「間に合わず王の気持ちを変えられなくても問題ではない、セリヌンティウスの命も問題ではない」そして「もっと恐ろしく大きいもの」が彼を突き動かしているということになる。生徒はそこで、自分のスケールの中にはっきりと作者も言葉にして表していないものは何なのか、を問い直すことになる。その3つ目の答えにクラス全体で迫っていくことで、メロスの「信実」を自分たちのものにさせていきたいと考えた。

【スケーリングの段階】
①自分で3つのスケール基準を考える。
②クラスのスケーリング項目を全て出し、明らかにおかしいものを削除し、統合できるものはまとめていく。
③クラスで項目を3つに絞ったら、それぞれでスケーリングを行う。
④一番重みをつけたものについて、何故そうしたのか理由をつけて班内で発表し合う。
⑤班で話し合ったものを発表する。
⑥第3の場面では、項目を絞る場面で「恐ろしく大きいもの」を項目に挙げ、それが何なのか意見を出し合う。

4. 人物の心情を直接問わない文学の授業の単元計画

■単元名
　メロスの「信実」に迫る
　　　　　　　（「走れメロス」　太宰　治）
■単元の指導計画（全6時間）
　第一次（第1・2時）
　　　　通読して、語句の意味、登場人物の性格をとらえる。
　第二次（第3・4・5時）
　　　　メロスの行動と太陽の動きを追いながら物語を読み、メロスが「何のために走ったのか」について考え、「信実」とは何かに迫る。（※スケーリング）
　第三次（第6時）
　　　　メロスか王のどちらかを選び、感想文としてまとめ、発表し合う。

5. 「メロスは何のために走ったのか？」をスケーリングのしかけで、「判断」をうながし、人物の心情に迫った授業の実際

【第一次第1・2時】
　「走れメロス」で大事なのは、読み込むときにそれぞれ（王とメロス）の性格をしっかりとつかんでおくことである。この作品は2人の性格の違

いや善悪が対照的に描かれており、それによって読者もメロスに感情移入しやすくなっているからだ。何を好み、どんな考え方をしており、家族や周りの人とのつながり・人間関係はどうかなど、それを読み解くことで、登場人物の言動の裏に隠れた気持ちや、何故そのような行動をするかの理由が分かってくる。特に、普通は理解できない王の残忍さはどこからきているのかに気付かせるために、「王の孤独」に着目させた。

まず、王が殺した人々とその順番をたどりながら、王の周りで何があったのかを推測した。王は何故町の人々を大量に殺すのか、何故自分の家族を殺すのか。はじめは王の行動を理解できなかった生徒たちも、「老爺」の言葉から分かる。王が殺した人の順番から「王座・権力」を守るための行動だと気づくと、そこから底なしの疑心にとらわれ、周りの人々を殺すことでしか心の安定を得られなくなっていった王の孤独の深さを察することが出来た。また、本文の記述に「威厳がある」や、「以前の町はもっと明るかった」という箇所があることから、昔か

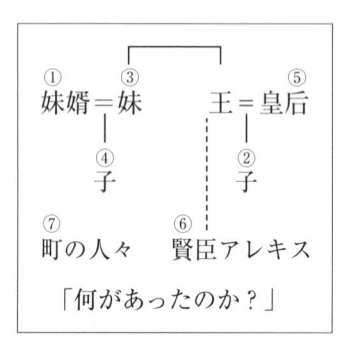

王が人を殺した順

メロスと王の性格

ら暴君だったわけではなく、以前はよい王だったが次第に保身に走り、誰も信じられなくなったことが想像でき、最後の場面でメロスが「王を変えた」のではなく、「昔の王に戻した」ことの理解につなげることができた。

メロスに関しては、「真の勇者」であることだけではなく、「単純な男」であること、「小唄が好き」であること、「政治が分からぬ」ことなどから、普段はのんきな牧人であるということを浮き出させた。それにより、生徒にメロスは完全なヒーローではなく、自分に似たところもあるキャラクターなのだと親近感をもたせることができ、後先考えずに王城に出向いたことや、妹の結婚式のために友を人質にと申し出たことなどの行動の理解や、走ることへの葛藤の理解へとつなげていった。スケーリングを行う際も、「メロスの性格だったらどう考えるか」と立ち返り、場面を理解する時の手助けとなった。

【第二次第3・4時】

「走れメロス」では、太陽の動きが経過する時間を臨場感をもって伝えている「斜陽」や「赤く大きい夕日」に焦る気持ちや、願いが届くかどうかのギリギリの感覚を読者に与える。その太陽の動きとメロスの行動を整理していくことで、メロスの心の状態も見えてくる。「妹の結婚式」のためにと帰路を急ぐ1日目。家族の愛情の中で「約束をさえ忘れそう」になる2日目。「未練の情」をふりほどくように走る3日目朝。まだまだ「十分間に合う」と、余裕で過ぎる3日目昼。「濁流」「山賊」の困難に立ち向かいながらも勇ましく走る3日目午後。「疲れ切って動けなく」なり、自分の運命を呪って諦めかける3日目夕方。「義務遂行」のために走る3日目日没前。物語の流れと経過時間を整理しながら、メロスの気持ちの流れもつかませていく。第三次のスケーリングに向けて、外せない作業である。

【第二次第5時】

物語のあらすじと登場人物の気持ちの変化を大まかにつかんだ上で、「メロスは何のために走っ

たのか？」の問いについて考えた。スケーリングは先に示したとおりの三角形であり、「どちらの気持ちか」という答えに縛られないようにした。

場面は3カ所設定し、第1の場面（メロスが王城を出発する場面）はスケーリングの練習として取り組んだ。まずはスケーリングの項目について意見を出し合ったが、生徒からは予想通りの「妹の結婚式のため」「セリヌンティウスのため」「王の気持ちを変えるため」の3つの意見が出た。他にも「町を救うため」「平和のため」「約束を守るため」「メロスのため」等の意見も出てきたが、それぞれが先の3つの項目に集約されることを学級で確認した。その後、それぞれでスケーリングを行い他の人のものと比べ、意見交換をした。どの項目に一番重み付けしているかを考えたとき「今は妹の結婚式をしたいから急いで帰らないといけない」という意見が多く出て、クラスでは、

　①妹のため
　②セリヌンティウスのため
　③王の意見を変えて町を救うため

の順が多かった。

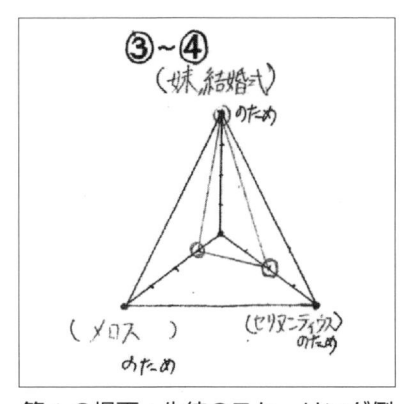

第1の場面：生徒のスケーリング例

第2の場面（メロスが王城に向かい走り出し、川の氾濫、山賊、疲労困憊の苦難に遭う場面）は、「妹のため」という理由が無くなったことから、「セリヌンティウスのため」と「王の気持ちを変え町を救うため」以外の3つ目の項目を探す作業から始まった。多かった意見として、「メロス自身のため」「名誉のため」「正義のため」「殺されるた

め」などが多く出た。この場面ではメロスが妹婿に「メロスの弟になったことを誇ってくれ」や妹に「おまえの兄は、たぶん偉い男なのだから」と語っていたり、「若いときから名誉を守れ」などと自分の在り方について多く語ったりしている。

当初の「町を暴君の手から救うのだ」という目的よりも、メロスが勇者であるためにはどうあれば良いかとメロスが考えており、周り（読者）の期待に応える姿が前面に出てきていた。従って、スケーリングも、

　①セリヌンティウスのため
　②メロス（の名誉）のため
　③王の気持ちを変えるため

の順番になった生徒が多かった。

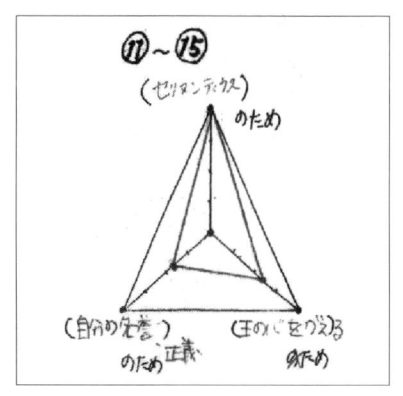

第2の場面：生徒のスケーリング例

第3の場面（刑場に向かって再び走り出す場面）は、メロスの「信実」をつかむことに取り組んだ。前時の終わりに、この場面でのスケーリング項目をワークシートに書かせ、回収し、クラス別に項目の集計を行った。ねらいは、教師がクラスごとの「信実」への迫り方を考えておくためである。第3の場面では、「もっと恐ろしく大きなこと」からメロスの心情に迫っていくのだが、「もっと恐ろしく大きいもの」を項目に挙げる生徒が少ないかもしれないと予想したからだ。「もっと恐ろしく大きいもの」に着目していなかった生徒も、全ての項目を示すことでこの言葉を意識し始めることが出来る。また、全員の項目から3つに絞っていく方法をとることで、自分の考えがクラスの

考えへと昇華していくことになり、意見を言いやすい雰囲気を作ることが出来る。

そのために集計を行ったところ、次の様な項目が出た。(例：2年2組の授業)

【メロスは何のために走ったのか】
- 名誉のため (4)
- 殺されるため (4)
- セリヌンティウスのため (14)
- 自分のため (20)
- 王の心を変えるため (13)
- フィロストラトスのため (5)
- 義務遂行のため (2)
- 恐ろしく大きいもののため (9)
- 王の言うままにならないため (1)
- 信頼のため (4)
- メロスを信じる人々のため (5)

本時では、これらの意見を話し合いで3つに絞っていった。項目は次第に「セリヌンティウスを助けるため」「メロスのため」「王の気持ちを変えるため」に絞られていった。しかし、本文に『恐ろしく大きいもののために走っているのだ』と書いてあるので「恐ろしく大きいもの」を削除することは出来ない、ということになった。

【メロスは何のために走ったのか】
- 名誉のため
- 殺されるため
○ ・セリヌンティウスのため
○ ・自分のため
- 王の心を変えるため
× ・フィロストラトスのため
- 義務遂行のため
◎ ・恐ろしく大きいもののため
- 王の言うままにならないため
- 信頼のため
- メロスを信じる人々のため

ではいったい「恐ろしく大きいもの」とは何なのかという問いが生徒からも出された。そこで、

本文を読み返すと「間に合う、間に合わぬは問題ではないのだ。人の命も問題ではないのだ」とあることから、セリヌンティウスの命よりも（間に合わなかったらセリヌンティウスが殺される）、自分の命（間に合ったときは自分が殺される）よりも、王との約束を守ることよりも大切な、「なんだか、もっと恐ろしく大きいもの」とは何だろう？ と問い直した時、生徒も初めて「セリヌンティウスのため」「メロスのため」「王の気持ちを変えるため」以外の「何か」大事なものがあるに違いないということに気付いた。また、メロスが「なんだか」と言っていることから、メロスにも言葉としてははっきりと意識できていないものだとも分かった。

「恐ろしく大きいもの」であることから、まず「メロスやセリヌンティウス、王などの個人的なことではないことではないか」という意見が出た。メロスが走りきることで、間に合っても間に合わなくても示すことが出来る何か、ということになり、以下のような意見が出された。

〈間に合わないから、とメロスが走ることをやめたらどうなるか？〉
- 王がもっと人を信じなくなる。
- 人々は絶望する。
- やっぱり世の中は変わらないと思う。
- 人は約束を守らないのだ、と思う。

〈間に合わないけれど、メロスが走ることで何がうまれるか？〉
- 人を信じる希望。
- 人と人との絆は本当にある。
- 人間の心のすばらしさ。

従って「恐ろしく大きいもの」とは、人間の在り方に関わる、「友情、希望、心、絆」のようなものだという意見にまとまった。また、教科書でそれが「信実」なのだと確認し、個人でスケーリングを行った。

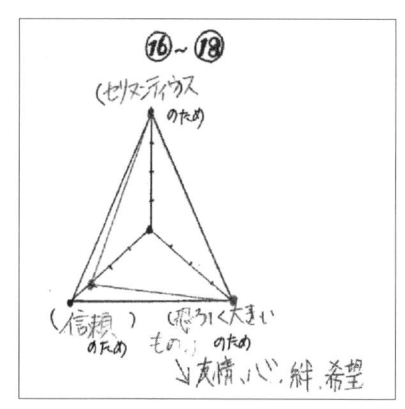

第3の場面：生徒のスケーリング例

【第三次第6時】

「走れメロス」のメロスか王について感想文を書き、発表し合った。

スケーリングでメロスの気持ちについて深く考えていったため、ほとんどの生徒が「メロス」について感想を書いた。そして、メロスの行動についてだけではなく、人間の心について記述している生徒が多く見られた。

6. 実践の成果と今後の展望

【実践の成果】

○スケーリングに取り組む事により、登場人物の気持ちを多角的に考えることが出来た。

○スケーリングを見合うことで、お互いの考えを知ることが出来、自分の考えを振り返ることができた。

○スケーリングで「信実」に迫ることにより、事後の感想で登場人物への感想だけではなく、人間の在り方についての感想にまで考えを深める事が出来た。

○スケーリングでは、登場人物の心情を漠然と考えるだけではなく、教科書の記述から理由付けしながら軽重をつけていったので、1人1人の読みの深まりが見られ、今後の読書活動にも生かされていくことが期待できる。

【今後の展望】

○生徒の活発な意見を導き出せるように、教材文に応じた、スケーリングを設定する場と、スケール基準の設定を工夫していきたい。

○読みの核心に近づけるように、スケーリングしたことを、読みのどの部分につなげていくのかを意識して授業を組み立てていきたい。

○スケーリングを取り入れることで、生徒の心の中に葛藤が生まれ、何故そのように考えるのか、考えの根拠はどこにあるのかをじっくりと考えることが出来た。また、「心情を直接問わない」ことにより、生徒が言葉を駆使して作者の伝えたかったことを表現しようとすることが出来た。生徒が自由に表現できるように生徒の語彙力をつけて授業に生かしていきたい。

生徒感想文

実践のポイント 中学2年

「統計的手法」により「読み」の可能性を拓く

宮崎県三股町立三股中学校長　笠牟田　保昌

　中学2年「走れメロス」の実践（新井実践）では、本書理論編で提案されている「解釈を問う発問」の「B）どの程度か、どれくらいか……？（スケーリング）⇒その根拠と理由は……？」をもとに、「メロスは何のために走ったのか」という発問を行っている。この実践では、大きく2つの「スケーリング」の工夫がなされており、新井氏の研究的実践者としての発想の豊かさとしなやかさにはいつも瞠目させられる。

　「スケーリング」によって引き出された学習者の「解釈」の『数』と、その質や量の程度としての『数値』は、その統計処理の如何によっては、学習者の「読み」の広がりと深まりに大きく寄与していくことになる。文学的な文章の「解釈」に統計的手法を導入にすることによる可能性と発展性を感じさせる実践である。以下に、この2つの工夫点を簡単に紹介した後、授業記録等を振り返ることにする。

1　三角形のスケーリング（レーダーチャート）活用

　新井氏は、発問「メロスは何のために走ったのか」の答え（解釈）を1つに限定せず、3つ挙げさせている。そのねらいとして、「答えを2択にして『どちらか』と迫るものではなく、メロスの中の複雑な気持ちをとらえることが出来るようにするため」と記されている。具体的には、生徒は、発問に対して、3つの解釈を挙げ、それぞれの程度を5段階（0～4）のいずれかに位置付ける。この3つの解釈とその程度を一覧するために、新井氏は「三角形のスケーリング」を工夫している。いわゆる「レーダーチャート」である。

　「レーダーチャート」は、学校現場では生徒個人の成績表等にもよく用いられており、例えば、国語科で、「話すこと・聞くこと」など3領域1事項の得点率を結べば、得意・不得意分野は一目瞭然である。「学習者に『判断』をうながす発問の『しかけ』」の一環として、この「レーダーチャート」を活用したところに、新井氏の発想の柔軟性がよく顕れている。

2　3場面に同一のスケーリング設定

　新井氏は、「メロスは何のために走ったのか？」という全く同じ「スケーリング」を、3つの場面で生徒に投げかけることによって、漸次「信実」に迫らせようとしている。これが、2つ目の工夫点である。

　各場面での【スケーリングの段階】の詳細については、新井氏論文を参照されたいが、個から全体での解釈（3つ）の絞り込み後、一番の重みをつけた解釈の理由を班内で発表し合い、それをまた全体の場で発表するという段階が設けられている。3場面それぞれで、このような「解釈」と「その根拠と理由」の再検討が累積的になされるので、生徒相互の学び合いの中で、生徒1人1人のみならず全体の「読み」は、積層化・重層化されていく。

　場面ごとの「解釈」と「その根拠と理由」を、個・班・全体で比較・検討することは、どの国語

教室においても実践されていることではあるが、本実践の秀でた点は、「レーダーチャート」を並置・オーバーレイするなどによって、視覚的に一目で理解できることである。この視覚的な理解をもとに、「解釈」の妥当性について吟味を始めることは容易であると推察できる。

さらに、単元最終時に、3つの場面の「レーダーチャート」を並置・オーバーレイすることによって、単元目標「作品を読み深める」ことにつなげることができる。

―「メロスは何のために走ったのか」授業記録から―

第1の場面は、「スケーリングの練習の場として設定」されており、ここでは、①「妹のため」、②「セリヌンティウスのため」、③「王の意見を変えて町を救うため」の順である。

第2の場面は、①「セリヌンティウスのため」、②「メロス（の名誉）ため」、③「王の気持ちを変えるため」の順である。メロスが妹婿に自分の在り方（人間の在り方）について多く語っている記述を根拠に、②「メロス（の名誉）のため」がクローズアップされている。

第3の場面に臨む前に、新井氏は第2の場面指導後に「項目の集計を行っ」ている。「ねらいは、教師がクラスごとの『信実』への迫り方を考えておくため」である。第3の場面では、「セリヌンティウスのため」「自分のため」そして、ここで出て来た新たな解釈「もっと恐ろしく大きいもの」に収斂されている。迫り方としては、セリヌンティウスや自分の命よりも大事で、「メロスが『なんだか』と言っていることから、メロスにも言葉としてはっきりと意識できていないもの」との生徒の気付きを手がかりにされている。「メロスが走りきることで、間に合っても間に合わなくても示すことが出来る何か」という「判断」をもとに、「もっと恐ろしく大きいもの」とは、「人間の在り方に関わる『友情、希望、絆』のようなもの」、つまり、文章中の「信実」であると確認し、個人のスケーリングに戻すことで授業は終了している。

ここで、改めて「レーダーチャート」の可能性について言及してみたい。

レーダーチャートは、その項目数に応じた正多面体をつくることができるので、指導者が生徒に読みの広がりと深まりをどのくらい要求するかによって、解釈の数を自在に増減できる。また、生徒自身の自己評価に委ねた増減もできる。解釈の程度についても、同様にその数値段階を0～4、0～10などと増減できる。生徒の観念的な読みや表層的な読みが懸念されるとき、あるいは逆に読みを焦点化する必要があるときなど、読みの実態に即応した臨機応変の活用が可能である。

新井氏の工夫は、このような効果にとどまらない発展性がある。解釈とその程度を一覧できるので、個人レベルでは、程度の差に着目して、その根拠と理由が探しやすくなる。グループや全体では、相互にレーダーチャートを比較することで、解釈とその根拠と理由を見直し、読みの広がりと深まりをうながしやすくなる。例えば、前述の第2の場面後の集計において、主な解釈を12項目挙げ、その程度の和を数値化して正十二面体の中で線で結べば、全体の読みの傾向が一覧できる。「割合スケーリング」の手法からは、構成比が一覧できるパイチャート（円グラフ）や帯グラフなども考えられるだろう。文学的な文章の「解釈」に統計的手法を導入にすることによる可能性と発展性を感じさせる実践である。

第Ⅲ部 実践編2｜中学校編

中学3年 「故郷」(魯迅　竹内好 訳)

スケールで「判断」させ深い解釈へと導く

鹿児島県さつま町立宮之城中学校　椎原 あや乃

1. 単元目標

- 作品を読み、自分のものの見方や考え方を深めようとすることができる。
- 登場人物の外見や言動の変化を表現に即して抜き出し、読み取ることができる。
- 「私」の思いを的確にとらえ、人間や社会などについて考え、自分の意見を持つことができる。
- 漢字・語句・表現について理解し、文章の中で適切に使用することができる。

2. 学習者に「判断」をうながす発問のしかけの工夫

　この作品は、作者自身の体験も踏まえて書かれた、生き方について考えさせられる小説である。「故郷」に別れを告げるために20年ぶりに帰郷した「私」が、故郷の人々との再会を通して、失望し「故郷」を去っていく。しかし、最終部の描写からは明日への希望も感じることができる。清朝末期、政治的にも混乱が続き、非常に不安定な状況に生きる登場人物の生き方や考え方を通して、自分の考えを見つめ直し、人間や社会のあり方について考えることができる教材であると考える。

　今回は、「私」と「閏土」の再会の場面から「悲しむべき厚い壁」に着目し、授業を行った。1回目の実践では、「『悲しむべき厚い壁』を作ったものは何か」と発問することにより、心情に迫れると考えた。そのときの生徒の反応は、次の通りである。

> 「私」も「閏土」も再会をうれしく思ってはいたが、昔のようには話せていない。**身分の違いで、昔のように親しく話せないことを悲しく思っている。** （男子生徒A）

> 「私」は閏土に会えてうれしく思っているが、あまりにも昔と違う姿に驚いている。閏土は「だんな様」と言うなど他人行儀な態度だが、昔に戻りたいと考えている。**身分制度や経済格差によって「悲しむべき厚い壁」ができてしまった。** （女子生徒B）

　1回目の実践では、最終的に「身分制度」や「身分の差」だけで「判断」してしまいがちだったため、それまでに生徒が着目していた表現を取り上げ、3つの選択肢で判断をうながし、思考の幅を広げるしかけを工夫した。そこで、追加の実践では学習者に「判断」をうながし、より思考の幅を広げるために、下記のような三角スケーリングを活用した。

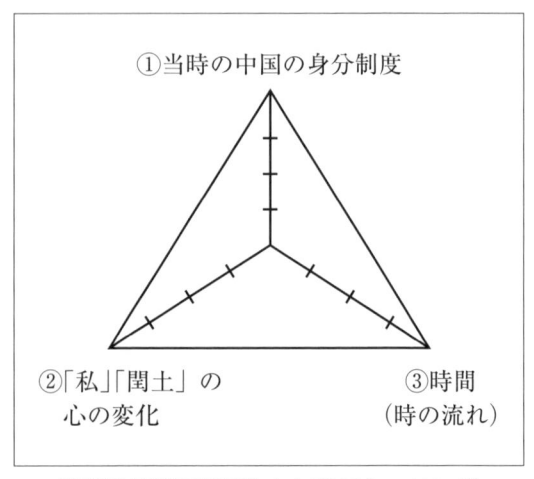

①当時の中国の身分制度

②「私」「閏土」の心の変化　　③時間（時の流れ）

追加の実践で使用した三角スケーリング

3. 人物の心情を直接問わない文学の授業の単元計画（全8時間）

時間	主な学習活動
1	1 単元の学習活動と目標を確認する。 2 作品を読む。 3 初読の感想を書く。
2	4 語句の意味を調べる。 5 場面分けして、あらすじをつかむ。 ・次の5つの場面に分けることとする。 ①帰郷　②思い出（回想） ③楊おばさんとの再会 ④閏土との再会　⑤離郷
3	6 第1場面を読み、場面設定をとらえる。 7 帰郷した「私」の心情をとらえる。
4	8 「閏土」「楊おばさん」の昔と現在の人物像を比較する。
5 (本時)	9 「悲しむべき厚い壁」とは何か考えることで、閏土や楊おばさんの変化の理由と私の心情をとらえる。(1回目の実践) スケーリングを活用して心情をとらえる。(追加の実践)
6	10 「私」の「希望」について考え、主題をまとめる。
7	11 主題をもとに、「故郷」の紹介文を書く。
8	12 友だちの書いた紹介文を読み、自分の考えをまとめる。

4. 本時の授業展開（5/8時）

(1) 本時の目標
・情景や人物描写、心情を描写する表現に着目し、登場人物の心情をとらえることを通して、閏土を変化させたのは社会の仕組みのせいだと嘆き悲しむ「私」の気持ちを読み取ることができる。

(2) 本時の授業づくりのポイント
学習者にとって難解な語句が多く、非常に長い文章のため、場面を分け、細かな読み取りを行ってきた。

はじめに本文の描写から、「私」「閏土」の心情をとらえ、そこから「悲しむべき厚い壁」と言った「私」の心情と原因を探った。追加の実践では、スケーリングを活用し、「悲しむべき厚い壁」に迫らせた。

(3) 本時の展開
①前時の学習内容を確認する。
②本時の学習課題と学習の進め方を確認する。
　「『悲しむべき厚い壁』とは何か。なぜ、『悲しむべき』なのか」
③黙読しながら重要な表現に線を引く。
④線を引いた表現を発表する。
⑤着目したい表現に色ペンで線を引く。
⑥読み取った描写をもとに、「私」と「閏土」の心情を考える。
⑦「私」と「閏土」の心情を発表する。
⑧「悲しむべき厚い壁」とは何か。なぜ「悲しむべき」なのか考え、発表する。
　（追加の実践ではスケーリングの活用）
⑩本時の課題に対する考えをまとめる。

(4) 板書計画

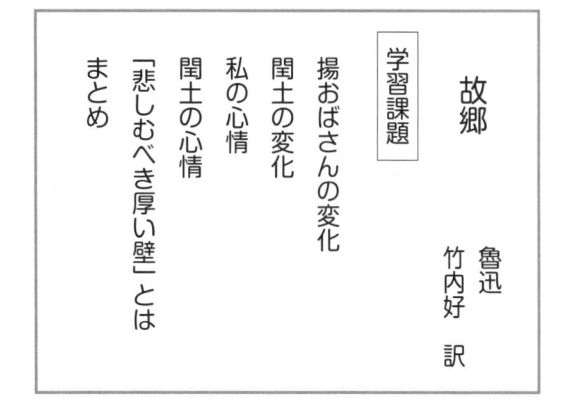

```
故郷　　魯迅
　　　　竹内好　訳
学習課題
楊おばさんの変化
私の心情
閏土の心情
「悲しむべき厚い壁」とは
まとめ
```

5. 授業の実際

「悲しむべき厚い壁」をつくってしまった原因を問うことで判断をうながし、人物の心情に迫った授業の実際

(1) 本時の場面設定
「私」は、別れて20年にもなる故郷へ別れを告

げるために帰ってきた。母の口から出てきた閏土という幼なじみの名前を聞いたとたん「私の脳裏に不思議な画面が繰り広げられ」、「子どもの頃の思い出が、電光のように一挙によみがえり、私はやっと美しい故郷を見た思いがした」。ある寒い日の午後、閏土が訪ねてきた。「ひとめで閏土とわかったものの、その閏土は、私の記憶にある閏土とは似もつかなかった」。

それでも「私は感激で胸がいっぱいになり、しかしどう口をきいたものやら思案がつかぬままに、ひと言、『ああ、閏ちゃん──よく来たね……。』」。

続けて言いたいことが、あとからあとから出かかったが、「それらは、何かでせき止められたように、頭の中を駆け巡るだけで、口からは出なかった」。

彼は突っ立ったままだった。そして「最後に、うやうやしい態度に変わって、はっきりこう言った。『だんな様!……』」。それを聞き、「私は身震いしたらしかった。悲しむべき厚い壁が、二人の間を隔ててしまったのを感じた。私は口がきけなかった」。

(2) 着目したい表現をもとに

本単元は、中学校学習指導要領国語第3学年「C 読むこと」の「エ　文章を読んで人間、社会、自然などについて考え、自分の意見をもつこと」を受けて設定している。

中学校学習指導要領解説国語編（平成20年）には、「『文章を読んで人間、社会、自然などについて考え』とは、様々な文章を読むことを通して、そこに表れているものの見方や考え方から、人間、社会、自然などについて思いを巡らせることである。このような学習から確かな思想が形成され、豊かな心情が養われ、人間としての成長が期待される」と述べられている。また、「『意見をもつ』とは、ある事柄について自分の立場や根拠を明確にした考えをもつことをいう」とも述べられている。本学級の生徒は、意見は活発に述べることができるものの、根拠が明確でないことが多

い。そこで、根拠を明確にして意見を述べるよう意識して指導した。

個人思考させたあと、学習の苦手な生徒にも配慮し、発表させたものの中から下記のように着目したい表現を挙げた。

着目したい表現
- 私の記憶にある閏土とは似もつかなかった。
- 感激で胸がいっぱいになり、しかしどう口をきいたものやら
- 「ああ、閏ちゃん──よく来たね……。」
- 「だんな様!……」
- 悲しむべき厚い壁
- まるで石像のように
- でくのぼうみたいな人間
- とりとめのない話

1回目の実践では、着目したい表現から、「悲しむべき厚い壁」をつくってしまった原因を考え、心情をまとめた。

○「私」は再会できて胸がいっぱいになるほど感激しているが、中国の身分制度・社会の仕組みが閏土を変えてしまったと嘆いている。「私」自身も身分制度を受け入れて、「悲しむべき厚い壁」とあきらめてしまっている。

○閏土は「私」と会えてうれしかったが、身分の差を意識してしまい昔のように接することができず「悲しむべき壁」をつくってしまった。

このように、課題そのものを直接問うてしまうと身分制度や身分の差だけで「判断」してしまいがちになり、他のことには「思考」が広がらなくなる。

そこで、理論編の「文学教材で『判断』をうながす発問の基本型」の「解釈を問う発問」での、「どの程度か、どれくらいか……？（スケーリング）→その根拠と理由は……？」を生かし、スケーリングを活用した。

(3) スケーリングを活用して

スケーリングは先にも示したように、「三角スケーリング」を活用した。

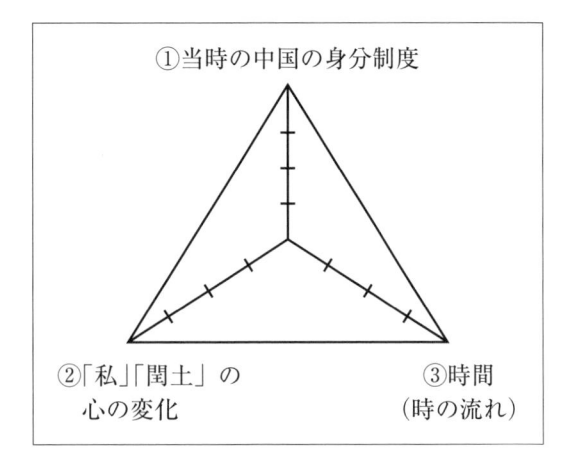

「故郷」(中学3年)

【生徒のスケーリング】

3つのスケール基準は、①当時の中国の身分制度、②「私」と「閏土」の心の変化、③時間（時の流れ）、とした。これは、生徒の感想や意見の中から取り出したものである。

以下は生徒の感想である。

> 閏土が大人になったときの変わりように驚きました。三十年という時間の経つ間に、閏土が大変な思いをしてきたことが分かりました。そのことで「私」と閏土の間に溝ができたことが伝わり、残念でした。（男子生徒B）

> 一方は豊かで、もう一方は貧しいという差が、子どもの頃は何事もなかったのに、大きくなるにつれて、接し方が変化していくのに切なさを感じました。（女子生徒D）

> 「私」が故郷についてなつかしい思い出を持っていたのに対し、故郷や故郷の人たちはすっかり変わってしまっていたという場面を読んで、「人間というのは時と共に変わっていってしまうものなのかな」と思いました。（男子生徒E）

> 久しぶりにあったため、「シュンちゃん」ではなく「だんな様」と呼んだのだろうと思いました。人に心の動きを表している話だなと思いました。（男子生徒F）

> 子どもの頃は身分や年齢を気にせず仲良くしていられたのだから「心の変化」より「当時の中国の身分制度」や「時の流れ」が大きく影響していると思います。（女子生徒）

> 「しかし、どう口をきいたものやら思案がつかぬまま……」と書いてあるので、長い間話していなかった時間が重要で、どう話してよいのか分からなくなってしまったのではないかと考えました。（女子生徒）

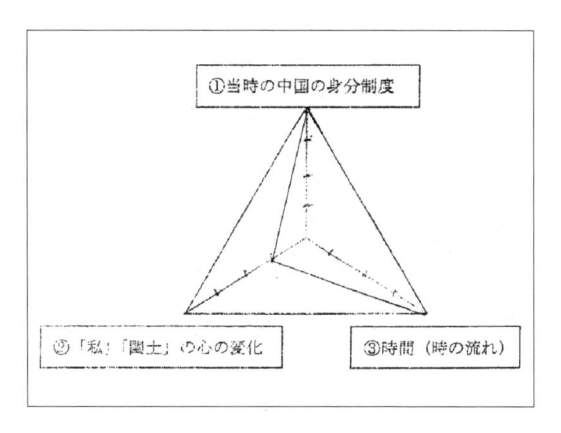

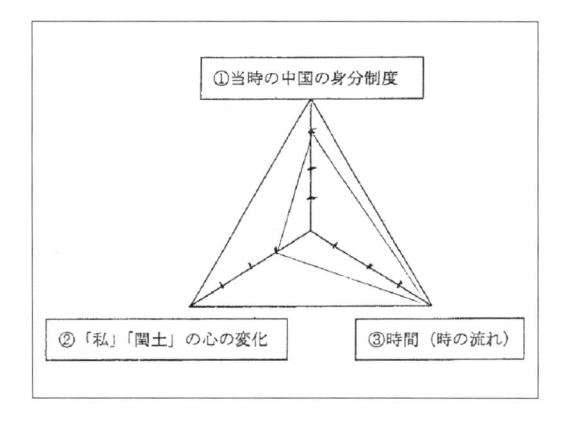

「身分制度」「心の変化」「時間（時の流れ）」の割合を表にしてみると、学習者の判断の重みに多少の偏りはあるものの、散在しており思考の多様性と関係把握力を見て取ることができる。このようにスケーリングを使うことで、生徒の思考が広がったり、深まったりしていることから、「判断」をうながすしかけは、予想した以上に学習を活性化することが生徒の反応から伺うことができた。

スケーリングをもとにした意見交換では、1つの答えを求めるのではなく、さまざまな描写に着目し、相手に自分の意見を伝えようという言語活動が活発になるという効果も得られた。

スケーリングを活用することで、さまざまな場面の描写に着目し、幅広い思考が出来るようになっている。初発の感想とまとめを比較することによって、生徒の具体的な読みの変容を見てみたい。

以下はスケーリングを活用したあとの生徒のまとめである。

(まとめ1)
「めっそうな、ご隠居様、なんとも……とんでもないことでございます。あの頃は子どもで、なんのわきまえもなく……」から、あの頃は「私」と「閏土」は子どもで、身分や年齢を気にしていなかったから仲良くいられたと思う。だから、「心の変化」が大きく影響していると考える。また、身分制度があったから「閏土」は「私」に敬語を使っていると思うし、心を変化させたのは時間の流れも関係していると思う。　　　　　　　　　　　(女子生徒)

(まとめ2)
「昔のような接し方が出来ない」と閏土が思うようになったのは、閏土が成長したことによって心が変化したからだと思います。また、「私」と閏土が離れていた時間が長かったので「他人行儀」のようになってしまったと考えます。　　　　　　　　　　　　　　(男子生徒)

(まとめ3)
「喜びと寂しさの色が顔に現れた。唇は動いたが、声にはならなかった」というところから、本当は昔のように語り合いたいという気持ちがうかがえる。最後は、うやうやしい態度へと変わってしまう。ここからは、身分が違うから仕方がないという「閏土」の気持ちと昔には戻れないという時間の影響も感じられる。　　　　　　　　　　　(男子生徒)

初発の感想では、「登場人物の関係」や「心情の変化」等について触れたものは少なかったが、スケーリングを活用した後の「まとめ」を読むと、多様な視点を持って生徒が読みを深めていることが分かる。スケーリングの活用は読むことの学習で有効であるといえる。

6.「人物の心情を直接問わない文学の授業」についての考察

(1) 学習者の側から

○初めて「故郷」を読んだときは、難しいなと思いました。でも、スケーリングをしてみると、「私」や「閏土」の態度やセリフに込められた深い思いが理解でき、わかりやすかったです。
　　　　　　　　　　　　　　(女子生徒)

○当時の中国の身分制度のせいで閏土は「私」に対して敬語を使っていると思いました。でも、スケーリングを使って考えたり、友だちの考えを聞いたりすると、身分制度は彼らが小さい頃からあったが、時間が経過し成長したことが大きな変化なのではないかと気づきました。
　　　　　　　　　　　　　　(女子生徒)

(2) 指導者の側から

「○○の場面での△△の気持ちをとらえよう」というような直接心情を問う発問をした場合、生徒は1つの正解を探そうとして1つの場面に固執してしまう傾向にあったが、スケーリングを活用することによってさまざまな描写の中から心情をとらえようとしていた。

特に今回のような、長い作品でも、根拠となる叙述をさまざまな場面から探すことにより、作品の全体を理解したり、深く思考したりすることにつながるという効果が見られた。

また微妙な心の揺れを表現するのにスケーリングは有効であり、意欲的に思考する様子がうかがえた。

グループでの話し合い活動の際にも、さまざま

読むことに集中している生徒

な視点で、意見を述べ、また自分がどこに重きを置いて考えているかの微妙な違いを説明するなど活発な話し合い活動になった。

7. 成果と今後の展望

○生徒が意欲的に学習に取り組むようになったこと。
○生徒自ら問いを持ち、主題に迫るような読み方ができるようになってきたこと。
○生徒同士の交流が活性化してきたこと。
○スケーリングを用いた他の指導法として、例えば「悲しむべき壁」の厚さを「判断」させ、その根拠を問うことも考えられる。具体的には、下図のようなスケールで「判断」させると、生徒は本文の叙述から根拠を求め、深い解釈が可能になると考える。

「悲しむべき厚い壁」の厚さはどれくらいだろうか。(①〜⑩のどれくらいだろうか)

① ② ③ ④ ⑤ ⑥ ⑦ ⑧ ⑨ ⑩

例えば、①を選択した生徒は、「そんなに厚くない」、⑤を選択した生徒は、「ある程度の厚さがある」、⑩を選択した生徒は、「かなりの厚さである」という反応が想定され、それぞれの「判断」での根拠とその理由づけを表現することができる。このように多様な考え方を引き出せるとともに、評価規準をも補完できる可能性が、このスケーリングにはあると考えられる。

何をスケーリングさせるかによって、生徒の「思考力・判断力・表現力」が一体的に育成できるのか、教師の深い教材研究が求められる。今後の私自身の課題でもある。

実践のポイント 中学3年

「スケール」により深い解釈をうながす

鹿児島県さつま町立宮之城中学校長　富岡　一丸

1　「判断」をうながす文学の授業の試み

　「故郷」には当然、直接登場人物の心情を表す言葉や表現が数多く出てくる。しかし、情景描写、人物の言動や表情等の描写を通して登場人物の心情、気持ちなどを表現しているところも多々ある。まず、学習者がこのような叙述にどの程度気がついているのか、どのくらい注意を払っているのか、その実態把握のためには、初発の感想を書かせるのは有効な手段となる。「人物の心情を直接問わない授業」に初めて本格的に取り組む授業者にとっても学習課題を明確にする上で適切であったと考える。この初発の感想が後に重要な役割を果たすことになる。

　全体を5場面に分け、登場人物の外見や言動に関する表現を的確に抜き出す、情景描写など間接的な心情表現に注目する、社会背景を表す表現にも注意するなどのことについて指導の重点化を図った結果、次のような記述が見られるようになり学習者にも少しずつではあるが変化が表れてきたようである。

> 　私が20年ぶりに故郷に帰ってきたとき「わびしい村々が、いささかの活気もなく、あちこちに横たわっていた」と表現していますが、これは私が故郷と別れなくてはいけないという寂しい気持ちの表れだと思います。
> 　　　　　　　　　　　　　　　　　　　　　　　　　　　　　　　　　　（男子生徒）
>
> 　20年ぶりに会った閏土の姿があまりにも変わっていたことへの驚きと戸惑っている私の気持ちが伝わってきました。
> 　　　　　　　　　　　　　　　　　　　　　　　　　　　　　　　　　　（男子生徒）

　椎原氏が昨年（平成26年度）1学期に実践した「猫」（人物の心の動きを読み取ろう）では、「ソフィアはどうして『マッペに帰ってきてほしいの！』と叫んだのか」を問うた際は、「そのときのソフィアの気持ちを考えよう」と心情を直接問う発問を行っている。他の場面でも同様であった。今回初めて指導者が意識して全場面において人物の心情を直接問わない授業を行うことで、学習者に読解力、関係把握力が少しずつではあるが、付きつつあるのではないかと思われる。それは、椎原氏自身の教材研究（発問の工夫と「しかけ」等）に一層力を入れるようになったためであろう。

2　「判断」をうながす「しかけ」〜スケーリング〜

　本時の学習課題である「悲しむべき厚い壁」を作ったものは何かを考えるために、スケーリングを用いることで学習者に「判断」をうながしている。これは、本書理論編「文学教材で『判断』をうながす発問の基本型」の「『解釈を問う発問』B）どの程度か、どれくらい……？（スケーリング）⇒その根拠と理由は……？」に着想を得ている。

　2人を隔てる「悲しむべき厚い壁」を考えるにあたり、「判断」をうながすために提示した3つの「壁」は、「身分の差が一番厚い壁となったのではないか」「人間は時とともに変わってしまう

ものなのかと思った」「閏土が成長したことによって心に変化が生じた」など初発の感想から出たものなので、「判断」をうながすしかけとしては適切だと考え採用したとする。また、事前に根拠となる着目したい表現を押さえておくことで、学習の見通しを持つとともに個人学習時の机間指導で個に応じた指導へ生かしたいという授業者の意図が奏功し、スムーズな展開となったようである。

3 「判断」をうながす文学の授業の成果と課題

　1回目の実践で「悲しむべき厚い壁を作ったものは何か」と直接問う発問をしたとき、学習者のほとんどは、身分制度や身分の差のみに着目していた。しかし、2回目の実践では初発の感想から3つのスケールの基準（壁）を設定し、「判断」をうながすしかけを施した。「身分制度」「心の変化」「時間（時）の流れ」、それぞれの人数の割合を見てみると、多少偏在してはいるものの前回とは異なる結果となっている。さらに、それぞれの程度をスケーリングで表さなければならず、そのためには根拠に軽重をつけるという幅広い思考や関係性を考え把握する力が求められる。生徒にとっては、初めての学習経験であったが、話し合い活動や発表を聞くと、直接問わない発問から3つの壁についての関係性を把握しようとしたり、2人の心情を読み取ろうとしたりする授業は、思考力・判断力・表現力を養うのに有効であったと考えられる。

　学習者のまとめを読むと「身分制度」と「時間の流れ」、「心の変化」と「時間の長さ」といった2つの「判断」がなされており、明らかな変容が見られる。この結果から、登場人物の心情を直接問わない文学の授業が学習者の意欲を高め、幅広い思考力を養い、深い読解力を身に付けさせるのに大変有効な指導法であることが裏付けられたと考える。

　しかし、ほとんどが2つまでであって、3つの関係性を把握した学習者は皆無であった。このことから、今後は示した3つの壁について、「判断」をうながす思考や関係性を考える発問やスケーリングを工夫することが課題である。

　初発の感想には第5場面に関する記述も多数あり生徒の興味の高さが窺えた。非常に難解なところなので、本時の学習の成果を生かした授業を期待したい。

あとがき

　筆者はかつて某大学の「教育実践演習」で、学生に小学校の「文学的文章教材」の学習で、好きな教材を挙げさせたことがある。「ごんぎつね」、「ちいちゃんのかげおくり」、「大造じいさんとガン」、「やまなし」等々。続けて「どんな学習が心に残っていますか」と尋ねると、なかなか答えが返ってこない。すると、ある学生が挙手し「学習の内容ではなくて、作品そのものが好きなのです」と発言した。多くの学生が頷くのである。

　このことを総合的に勘案すると、教師の効果的な発問による考えたくなる学習や、子ども同士の目的をもった活発な話し合いや言語活動等、文学の学習そのものが楽しくて心に残っていたのではなく、教材（作品）そのものがもつ魅力が「好き」という印象として残ったと考えられる。かくいう筆者も若かりし頃は、「そのときの登場人物の気持ちはどうだったのか」を連発していたように記憶している。子どもの側からすれば、何と苦痛な時間を過ごさせたことか、反省しきりである。

　今回、これからの文学の授業の在り方として、「心情を直接問わない文学の授業展開」を世に出すことができた。文学の授業が変わってきつつある状況はみえるが、未だに旧態依然とした「心情を直接問う授業」が、多くの学校で実践されているのではないかという危機感からの出発でもあった。

　「何とか文学の授業を変えたい」という教師の願いに応えつつ、「文学の授業が楽しくてたまらない。考えることが大好き」という子どもたちを1人でも増やしたいものである。そのことに賛同してくれた九州（鹿児島・宮崎）の仲間や、東京の先生方の熱い思いとチャレンジ精神をもって取り組んだ実践である。教育の原点である子どもの側に立った、これからの「文学の授業」の在り方を提案する実践でもある。

　本書の特色の1つは、文学の著名教材を小学校から中学校まで網羅していることであり、その中で若手教師がアイデアを出しながら、心情を直接問わなくても考えることを楽しみながら、「思考力・判断力・表現力」をともに育てる文学の授業を構想し、展開したことである。小・中学校の先生方にとって、自分の担当学年だけでなく、校種を超えて活用していただくことで、心情を直接問わない授業のイメージや配慮すべき点、系統性も見えてくるのではないかと考える。本書に掲載した実践は、完成形ではなくて、進行形である。これから改善・工夫の余地のある実践であり、進化していく実践でもある。いろいろと課題もあるが、御批正をいただきながら、子どもたちのために一歩でも前進したいと考える。

　本書に掲載した実践のキーワード、キーセンテンスは、下記のように集約できる。

【小学校低学年】
○「比較」「選択」→思考の深化・対比型の板書→思考の整理
○ズレを引き起こす発問・全体と部分をつなげる発問
○叙述の比較・心の大きさの比較・作品（原本と書き加えたもの）の比較
○「明暗スケール」→場面の変化の解釈・無くても良い、あった方が良い

【小学校中学年】
○人物の心情を直接問わない発問の工夫・悲しみのレベルの数値化
○問いが生まれる発問・選択肢の活用・場面の比較
○スケーリングの活用（心情の論理的把握）・目的意識等の明確な音読劇
○大きな発問と小さな発問・読みの変容をとらえるスケーリング

【小学校高学年】
○誰が重要なのかを「判断」・あらすじと山場を「判断」・歌の作者を「判断」
○「比較の観点」と「選択」・ランキングづくり・心情曲線
○「大きな発問」と「スケール」・中心人物が最も影響を受けたのは誰
○ログラインづくり・ベン図・共通点と相違点の「比較」・色でイメージ

【中学校】
○「検察」「弁護」の視点に立たせて中心人物の心情の変化に迫る
○三角スケーリングで登場人物の心情を多角的にとらえる（物語の核心へ）
○三角スケーリングで思考の多様性の引き出しと関係把握力の育成

　このようにしてみると、学年や校種の系統性も見えてくる。理論と実践の融合を踏まえ、どのような授業を構築すればよいか、参考になるのではと考える。
　次期学習指導要領の改訂が進む中、子どもが「何を知っているか」から「何ができるか」という知識の活用や教科・領域を横断した育成すべき資質・能力の具体化等が必要とされている。そのための学習としてアクティブ・ラーニングが話題となっている。
　このことを文学的文章教材で言うならば、学習の主体である子どもたちが「自ら考えたくなる発問（心情を直接問わない発問）や目的を明確にした活動（比較・スケーリング等）を通して思考の活性化をうながすこと」により、次期学習指導要領で求められる資質・能力の具体化が図られるのではないかと考える。本書の実践は、そのような方向性も見据えたものであり、質の高い授業づくりのために、多くの先生方に活用していただければ幸甚である。

　　　　　　　　　九州国語教育探究の会代表・鹿児島市立玉江小学校長　坂元　裕人

実践編で取り上げた教材

小学1年　「お手がみ」（アーノルド＝ローベル　三木卓 訳）
　　　　　　教育出版、東京書籍 (2年)、学校図書 (2年)、三省堂 (2年)、光村図書 (2年)
　　　　「おおきなかぶ」（内田莉莎子 訳）
　　　　　　東京書籍、学校図書、三省堂、教育出版、光村図書（西郷竹彦 訳）
小学2年　「きつねのおきゃくさま」（あまんきみこ）
　　　　　　学校図書、三省堂、教育出版
　　　　「かさこじぞう」（岩崎京子）
　　　　　　東京書籍、学校図書、三省堂、教育出版
小学3年　「わすれられないおくりもの」（スーザン＝バーレイ　小川仁央 訳）
　　　　　　三省堂、教育出版
　　　　「おにたのぼうし」（あまんきみこ）
　　　　　　三省堂、教育出版
小学4年　「白いぼうし」（あまんきみこ）
　　　　　　学校図書、三省堂、教育出版、光村図書
　　　　「ごんぎつね」（新美南吉）
　　　　　　東京書籍、学校図書、三省堂、教育出版、光村図書
小学5年　「雪わたり」（宮沢賢治）
　　　　　　教育出版、三省堂 (6年)
　　　　「大造じいさんとガン」（椋鳩十）
　　　　　　東京書籍、学校図書、三省堂、教育出版、光村図書
小学6年　「海の命」（立松和平）
　　　　　　東京書籍、光村図書
　　　　「きつねの窓」（安房直子）
　　　　　　学校図書、教育出版
中学1年　「少年の日の思い出」（ヘルマン＝ヘッセ　高橋健二 訳）
　　　　　　東京書籍、学校図書、三省堂、教育出版、光村図書
中学2年　「走れメロス」（太宰治）
　　　　　　東京書籍、学校図書、三省堂、教育出版、光村図書
中学3年　「故郷」（魯迅　竹内好 訳）
　　　　　　東京書籍、学校図書、三省堂、教育出版、光村図書

＊小学校は平成27年度版、中学校は平成24年度版掲載の国語科教科書発行会社を示した。
＊教材名の表記は、本書実践編の表記に合わせた。

著者紹介

●編著者

長崎伸仁（ながさき・のぶひと）

兵庫教育大学大学院修士課程修了。大阪府公立小学校教諭、大阪府教育委員会指導主事兼社会教育主事、山口大学教育学部助教授、同教授、同附属光小学校長、創価大学教育学部教授等を歴任して、現在、創価大学大学院教職研究科教授。国語教育探究の会（全国5地区）代表、全国大学国語教育学会理事。

坂元裕人（さかもと・ひろと）

鹿児島大学教育学部卒業。兵庫教育大学大学院修士課程修了。鹿児島県公立小学校教諭、公立小学校教頭、町教育委員会指導主事、県教育庁総務課主査、県総合教育センター係長、公立小学校長、県総合教育センター課長を歴任し、現在、鹿児島市立玉江小学校長、九州国語教育探究の会代表。

大島　光（おおしま・ひかる）

創価大学教育学部卒業。創価大学大学院文学研究科教育学専攻博士前期課程修了。現在、創価大学学士課程機構助教、東京国語教育探究の会事務局長。

●執筆者

長崎　伸仁	創価大学大学院教授
坂元　裕人	鹿児島県鹿児島市立玉江小学校長
大島　　光	創価大学助教
富岡　一丸	鹿児島県さつま町立宮之城中学校長
笠牟田保昌	宮崎県三股町立三股中学校長
森山　　勇	鹿児島県姶良・伊佐教育事務所指導課長
沼田　拓弥	東京都八王子市立七国小学校
神野　佳子	千葉県松戸市立和名ヶ谷小学校
髙橋　達哉	山梨県富士吉田市立明見小学校
髙橋　真理	山梨県忍野村立忍野小学校
安達真理子	立教小学校
吉岡　奈緒	東京都千代田区立九段小学校
三津村康子	東京都八王子市立城山小学校
中川　寛仁	鹿児島県屋久島町立安房小学校
芝　　智史	鹿児島県薩摩川内市立川内小学校
土居　正博	神奈川県川崎市立富士見台小学校
桑原　勇輔	東京都東久留米市立第十小学校
土方　大輔	東京都練馬区立大泉第一小学校
三浦　　剛	東京都八王子市立加住小中学校
森　　弘晃	宮崎県都城市立姫城中学校
新井日美子	宮崎県延岡市立東海中学校
椎原あや乃	鹿児島県さつま町立宮之城中学校

（2016年3月現在）

「判断」をうながす文学の授業
気持ちを直接問わない授業展開

2016年3月30日　第1刷発行

編著者　長崎伸仁・坂元裕人・大島光

発行者　株式会社 三省堂　代表者 北口克彦

発行所　株式会社 三省堂
　　　　〒101-8371 東京都千代田区三崎町二丁目22番14号
　　　　電話　編集 (03) 3230-9411
　　　　　　　営業 (03) 3230-9412
　　　　振替口座　00160-5-54300
　　　　http://www.sanseido.co.jp/

印刷所　三省堂印刷株式会社

落丁本・乱丁本はお取り替えいたします　　Printed in Japan
〈判断をうながす文学の授業・144pp.〉
ⓒ Nagasaki Nobuhito, Sakamoto Hiroto, Oshima Hikaru 2016
ISBN978-4-385-36338-7

Ⓡ本書を無断で複写複製することは、著作権法上の例外を除き、禁じられています。本書をコピーされる場合は、事前に日本複製権センター(03-3401-2382)の許諾を受けてください。また、本書を請負業者等の第三者に依頼してスキャン等によってデジタル化することは、たとえ個人や家庭内での利用であっても一切認められておりません。